D1698213

Carina Krone-Book

Die virtuelle Kaffee-Ecke

Konzeption und Umsetzung
eines Intranetauftrittes am Beispiel eines
mittelständischen Familienunternehmens

Diplomica Verlag GmbH

Krone-Book, Carina: Die virtuelle Kaffee-Ecke: Konzeption und Umsetzung eines Intranetauftrittes am Beispiel eines mittelständischen Familienunternehmens, Hamburg, Diplomica Verlag GmbH 2013

Buch-ISBN: 978-3-8428-9754-0
PDF-eBook-ISBN: 978-3-8428-4754-5
Druck/Herstellung: Diplomica® Verlag GmbH, Hamburg, 2013

Bibliografische Information der Deutschen Nationalbibliothek:
Die Deutsche Nationalbibliothek verzeichnet diese Publikation in der Deutschen Nationalbibliografie; detaillierte bibliografische Daten sind im Internet über http://dnb.d-nb.de abrufbar.

© Diplomica Verlag GmbH
Hermannstal 119k, 22119 Hamburg
http://www.diplomica-verlag.de, Hamburg 2013
Printed in Germany

Abstract

Kapitel	Themen
1	Einführung in das Thema, Firmenvorstellung, Problemdarstellung, Vorgehensweise, Entwicklung des Layouts, Vorstellung von Joomla!, grobe Zielsetzung, wissenschaftliche Fragestellung
2	Theoretischer Rahmen und Grundlagenerstellung, Begriffsdefinition Intranet, kurzer Abriss des Global Intranet Trend Report, Mediengewohnheiten und Medientheoretischer Rahmen, DIN EN ISO 9241-110
3	Grundlagen der Evaluation, Fragetypen, Evalutaionsphasen, Rollenverteilung in der Evaluation, Fragebogenerstellung und Gliederung, Vorstellung des Intranets
4	Beteiligung und Aussagekraft der Evaluation, Auswertung der einzelnen Themenblöcke der Evaluation, Analyse der Ergebnisse, Vorschläge die umgesetzt und zurückgestellt werden
5	Zusammenfassung und Fazit, persönliche Einschätzung

Danke

Ich möchte an dieser Stelle die Chance nutzen, mich bei all jenen zu bedanken, die mich unterstützt, angetrieben und ausgehalten haben. In willkürlicher Reihenfolge sind das:

- Meine Kollegen und Vorgesetzten bei der Seichter GmbH. Ohne die Unterstützung, das Interesse und den Unmengen von offenen Ohren und helfenden Händen wäre ich nicht da, wo ich bin. Ihr seid großartig!

- Meine Freunde, die mich angetrieben und ausgehalten haben. Mit mir zum Yoga gegangen sind und dort meinen wirren Gedanken gelauscht haben. Meine Hirnwindungen per E-Mail entwirrt haben. Aus wirren Texten grammatikalisch korrekte gezaubert haben (jegliche noch vorhandende Fehler sind mir zuzuschreiben). Das Schlüsselwort in diesem Fall ist definitiv wirr.

- Meine Trauzeugin, die sich die komplette Entstehung inkl. aller Probleme in und um diese Untersuchung und des Intranetauftritts angehört hat und mich fast unermüdlich daran erinnert hat, dass ich es schaffe. Außerdem hat sie mich in den dunkelsten Stunden zum Lachen gebracht.

- Und letztlich danke ich meinem Verlobten. Dieser hat meine gesamte Gefühlspalette (Panikattacken, Gefühlsausbrüche und jegliches Chaos) fast jeden Tag stoisch ertragen und mich immer wieder daran erinnert, dass bald alles vorbei ist und er an mich glaubt. Ziemlich cool, dass du mich immer noch heiraten willst!

Inhalt

1 Einführung in die Untersuchung

1.1 Motivation für die virtuelle Kaffee-Ecke

Das, was man sich schon lange dachte, hat das Fraunhoferinstitut 2005 als „Maßnahme zur Förderung des Wissensaustauschs" bezeichnet: Kaffee-Ecken bestehen nicht nur aus Kaffee, Tee und Keksen, sondern auch, um den informellen Austausch zu fördern [Fraunhofer: 95]. Die klassische Kaffee-Ecke in Unternehmen hat m.E. nicht nur den Auftrag, Kaffee bereitzustellen, sondern auch Informationen. Für viele Mitarbeiter passiert dieser Umstand unbewußt und sie nehmen ihn nicht wahr, Fakt ist allerdings, dass Kaffee-Ecken den Wissensaustausch fördern [Fraunhofer: 95]. Treffen sich Kollegen zufällig an der Kaffeemaschine oder am Kopierer, werden oft auf dem schnellen Dienstweg Probleme gelöst, sei es durch direkte Hilfe und Lösungsvorschläge oder durch den Gedankenaustausch im Allgemeinen. Wie also kann ein Unternehmen eine virtuelle und globale Kaffee-Ecke schaffen, nicht nur mit den Highlights, die eine Kaffee-Ecke im Normalfall zu bieten hat, sondern auch mit der Aussicht auf einen Ort, an dem man einfach und übersichtlich Informationen erfährt? Quasi eine virtuelle Kaffee-Ecke?

Laut einer Studie des Fraunhoferinstitutes halten „91 % der Befragten Wissensmanagement für die deutsche Wirtschaft für wichtig bis sehr wichtig. Dennoch sind die Unternehmen mit der gegenwärtigen Umsetzung [des Wissensmanagements] hochgradig unzufrieden. Während die Wichtigkeit von Wissensmanagement sehr hoch bewertet wird, schätzen nur 24 % der befragten Unternehmensvertreter die gegenwärtige Nutzung des vorhandenen Wissens in ihrem Unternehmen als sehr gut oder gut ein." [Fraunhofer: 93]

Der Bereich der Wissensbündelung und das Thema Informationsmanagement allgemein haben also nachweislich in den letzten Jahren stetig an Stellenwert gewonnen. Gerade in historisch gewachsenen Unternehmen, in denen Wissensmonopole quasi in den Ruhestand (Stichwort „Sicherung von Erfahrungswissen", vgl. [Fraunhofer]) gehen, steigt der Wunsch und vor allem die Notwendigkeit, einen zentralen Ort, egal ob physikalisch oder virtuell, zu schaffen, an dem das Wissen gesammelt wird. In der modernen Welt mit ihren sozialen Netzwerken und Web 2.0-Anwendungen steigen zudem die Ansprüche, die an eine digitale Wissensplattform gestellt werden. Gelebtes Usability, überzeugendes Interfacedesign, multimediale Inhalte sowie möglichst auch noch Spaß und Freude werden bei interaktiven Anwendungen schon vorausgesetzt. Dem gegenüber steht der Zeitmangel im Arbeitsalltag, der Unwille, ein neues Programm oder eine neue Benutzeroberfläche kennenzulernen und zu begreifen sowie der motivationale Aspekt, der zum Mitarbeiten animieren soll. Laut [Busemann; Gscheidle] stagniert das generelle Interesse an der aktiven Nutzung und Teilnahme des Web 2.0. Was also ist das mitarbeitermotivierende Pendant zu Kaffee, Keksen oder Tee? Wie muss eine Wissensplattform aufgebaut, strukturiert und umgesetzt sein, um zum Mitarbeiten anzuregen? Welche Inhalte, wie viel Privates sollte enthalten sein? Wie ist das mit dem Nutzen? Die Wahrscheinlichkeit, dass private Themen einen wirtschaftlichen Mehrwert schaffen, ist erst einmal gering. Die Wahrscheinlichkeit, dass private Themen eine höhere Nutzungsfrequenz schaffen, erscheint im Gegenzug sehr plausibel. Wo also liegt die Grenze?

1.2 Vorstellung der Seichter GmbH und Problemdarstellung

Die Seichter GmbH ist in Hannover ansässig und im Bereich Sondermaschinenbau und Messtechnik tätig. Die Firma ist ein familiäres Traditionsunternehmen mit knapp 30 Angestellten, stellt individuelle Reifenprüfmaschinen und mithilfe von Zulieferkomponenten resultierende Linien für die Reifen- und Räderindustrie her. Der quantitative Bedarf und der qualitative Anspruch der Industrie wachsen stetig, da durch die Reifenprüfmaschinen der fehlerhafte Ausschuss der Reifenproduktion minimiert wird und ein Qualitätsstandard aufgebaut und gehalten werden kann.

Der Weg einer Maschine von der Konstruktion bis zur Inbetriebnahme ist immer sehr ähnlich. Die Seichter GmbH fertigt maximal vier Maschinen gleichzeitig und hat ein jährliches Auftragsvolumen von durchschnittlich 12 Maschinen (Tendenz steigend). Das heißt, dass gewisse Abläufe für bestimmte Bereiche nur monatlich oder alle sechs Wochen ausgeführt werden. Durch das historische Wachstum der Seichter GmbH ergeben sich Probleme in den teilweise fehlenden Zuständigkeiten, Verantwortlichkeiten und Strukturen. Entsprechend führen nicht nur die fehlenden Zuständigkeiten zu Missverständnissen und Missmut, dieser Umstand wird zusätzlich noch durch eine unübersichtliche Ordnerstruktur auf den lokalen Servern unterstützt.

Es werden insgesamt drei bis vier firmenspezifische Programme genutzt, auf die nicht jeder Mitarbeiter Zugriff hat. Jedes dieser Programme trifft unterschiedliche Aussagen bzw. enthält unterschiedliche Informationen, z. B. über Stücklisten, Termin- und Projektplanungen, Seriennummern oder Protokolle und Zertifikate. Oft werden jedoch aus einem Programm Daten in ein Anderes exportiert. Da generell Absprachen bzgl. Terminologien oder Glossare fehlen, sind weder die Begriffe einheitlich noch wird eine Sprache konsistent eingehalten. Das führt nicht nur zum Nicht-Finden von Content, sondern auch zu erhöhten Kosten bei Übersetzungen für die Dokumentation und die Software, zu Qualitätsverringerungen der eigenen Arbeit und Missverständnissen bei den Kunden.

Weiterhin werden nach jedem Kunden- bzw. Servicebesuch seitens der Seichter GmbH Besuchsberichte geschrieben. In diesen Berichten sind Kunde, anwesende Mitarbeiter der Seichter GmbH, IST-Situation, Lösungsansätze oder Lösungen und weiterführende Aufgaben (z. B. Angebotserstellung oder -erweiterung) vermerkt. Die Besuchsberichte durchlaufen komplett alle Bereiche der Seichter GmbH und werden von den jeweiligen Mitarbeitern abgezeichnet (zur Kenntnisnahme). Problematisch ist dies nun unter mehreren Aspekten: Durch die Teilzeitmitarbeiter dauert es eine gewisse Zeit, bis der Besuchsbericht wieder das Sekretariat erreicht und dort abgelegt wird. Weiterhin geraten der Inhalt und der entsprechende Lösungsansatz in Vergessenheit, da viele Mitarbeiter den Besuchsbericht blind abzeichnen. In diesem Besuchsbericht sind teilweise abzuarbeitende Punkte aufgeführt, die nicht weiter verfolgt werden. Der Besuchsbericht kann also nicht als erfolgreich abgeschlossen und abgearbeitet betrachtet und nicht für spätere ähnliche Situation genutzt werden. Sinnvoll ist in diesem Fall ein System, in dem man den Suchbegriff (z. B. Drehgeber) eingibt und Lösungsvorschläge, bzw. Besuchsberichte angeboten werden, die sich mit diesem Suchbegriff beschäftigt haben.

Durch die überschaubare Anzahl der Mitarbeiter der Seichter GmbH hat sich in vielen Fällen eine Personalunion ergeben, beispielsweise ist der Produktionsleiter gleichzeitig für den Einkauf und die PC-Aufrüstung/Installation der Industrie-PCs zuständig. Diese Personalunionen sind für neue Mitarbeiter undurchsichtig und nicht immer klar nachzuvollziehen, weiterhin können diese kombinierten Bereiche zu Interessenkonflikten führen.

Ein weiteres Problem besteht in den Abhängigkeiten, die zwischen den Bereichen bestehen. Beispielsweise hat die Änderung eines Lieferanten Änderungen in den Zeichnungen und in den Ersatzteillisten zur Folge. Eine Lieferantenänderung berührt also mindestens den Einkauf, die Konstruktion, die montage und die Dokumentation. Diese Abhängigkeiten sind einigen Mitarbeitern nicht bewusst und entsprechend werden Informationen, Änderungen und/oder Neuerungen nicht weiter gegeben. Der Fehler, bzw. die Lücke zieht sich dann durch den gesamten nachfolgenden Produktionsprozess und behindert nachfolgende Bereiche. Durch diese unsichtbaren Abhängigkeiten wird der Produktionsablauf gestört. Eine kurze öffentliche Selbstdarstellung schafft Abhilfe, ebenso wie aktuelle Organigramme, die deutlich machen, wer von welchem Bereich abhängig ist und warum.

Durch Serviceeinsätze, Montagen und unterschiedlichen Arbeitszeitmodelle sind selten alle Mitarbeiter anwesend; Bekanntmachungen bzw. Informationen werden also nur bedingt weitergegeben. Wichtig ist der Informationsfluss, wenn externer Besuch kommt und beispielsweise einen Vortrag zum Thema Betriebsunterweisung/Arbeitssicherheit hält. Diese Vorträge werden durchschnittlich zweimal im Jahr gehalten. Teilweise sind auch Lieferanten- oder Messebesuche für die Mitarbeiter anderer Bereiche relevant, wenn zum Beispiel ein Lieferant gewechselt wird oder ein Zulieferer auf der Messe ein neues Werkzeug oder eine neue Bearbeitungsmethode vorstellt.

Schulungen werden derzeit analog beim Kunden vor Ort durchgeführt. In vielen Bereichen ist dieses Vorgehen sinnvoll, bestimmte Schulungseinheiten und/oder Fragestellungen ließen sich jedoch auch per Video, E-Learningmodul oder Textanweisung lösen. Denkbar sind digitale Schulungseinheiten (E-Learning) für die Softwarebedienung oder Neuerungen an den Maschinen. Aus diesem Umstand würde sich eine Kosten- und Zeitersparnis ergeben (Wegfall von Reisekosten und -zeit der Person, die beim Kunden schult). Zusätzlich würde ein Qualitätsstandard für Schulungseinheiten und maschinenbedingte Unterweisungen am Kunden eingeführt und gehalten werden.

Problematisch könnte jedoch die räumliche Nähe derer, die in der Verwaltung arbeiten, sein. Der Großteil der Mitarbeiter arbeitet in einem Großraumbüro und es bestehen weiterhin die Möglichkeiten und Alternativen, dass die Probleme oder Entscheidungen verbal getroffen und nicht allen zugänglich gemacht werden. Diese Möglichkeit soll durch motivationale Aspekte des Intranets minimiert werden, oder zumindest anregen, die gewonnenen Erkenntnisse im Intranet allen zugänglich zu machen.

Diese Probleme oder Schwierigkeiten beziehen sich natürlich nicht alleinig auf die Seichter GmbH, m. E. sind viele dieser Probleme in Traditionsunternehmen gegenwärtig. Zusammenfassend lässt sich feststellen, dass viele der angesprochenen Schwierigkeiten durch eine zentrale Wissensplattform reduziert werden können. Um dies zu gewährleisten, müssen zunächst einmal möglichst alle Ansprüche definiert werden, um anschließend motivationale Aspekte zu schaffen. Durch die Erfüllung der Mitarbeiteransprüche soll die Motivation gesteigert werden, um an der Wissensplattform mitzuarbeiten und eine Wertschöpfung daraus zu generieren.

1.3 Anspruch an den Intranetauftritt

Wie schon erwähnt, haben unterschiedliche Mitarbeiter (Nutzer) verschiedene Ansprüche und Bedürfnisse, die möglichst befriedigt werden sollten. Weiterhin muss auch bedacht werden, dass bei der Seichter GmbH ein breites Spektrum an Alter, Bildung und Vorkenntnissen vorhanden ist. Dementsprechend sind der Umgang, die Sichtweise und die Nutzung eines Intranets sehr unterschiedlich. Der Intranetauftritt bemüht sich, eine Wissensbasis zu bilden und einen Großteil der Mitarbeiter zur Mitarbeit anzuregen. Im Folgenden sind daher die Ansprüche der Beteiligten (Mitarbeiter wie auch Verantwortliche) stichpunktartig aufgeführt und ggf. erläutert.

Ansprüche der Mitarbeiter

- Einfache Benutzbarkeit und übersichtliche Benutzeroberfläche
    - Anlehnung an vorhandene und bekannte Strukturen (Wikipedia) erleichtern den Zugang.
    - Erhöht die Motivation und Neugierde, mitzuarbeiten.
    - Frustration durch mögliche irreführende Seitenstruktur wird minimiert.
- Leichtes und schnelles Finden von Content
    - Anlehnung an vorhandene und bekannte Strukturen (Wikipedia, Google) erleichtern den Zugang.
    - Frustration durch "Nicht-Finden" wird umgangen.
    - Umsetzung durch logische und sinnvolle Verschlagwortung (Schlüsselwörter).

- Funktion zum kollaborativen Arbeiten

  - Mitarbeiter werden zur aktiven Mitarbeit aufgefordert und sehen unmittelbar den Informationswert, den sie schaffen. Möglich ist auch, dass Mitarbeiter Antworten oder Lösungsansätze auf Probleme kennen und ihnen dieses erst bewusst wird, wenn sie den Artikel sehen und lesen. Diese Lösung kann dann gezielt kommuniziert und eingepflegt werden und der geschaffene Informationswert ist sofort sichtbar (motivationaler Aspekt).
  - Umsetzung durch die Möglichkeit, best. Artikel/Einträge zu erstellen.

Ansprüche des Verantwortlichen, der das Intranet pflegt

- Unkompliziertes Einpflegen von Content und einfache Rechteverwaltung

  - Durch erwähnte Personalunion wird der Verantwortliche für den Intranet-Auftritt noch mindestens für einen weiteren Aufgabenbereich zuständig sein.
  - Umsetzung durch umsichtige und übersichtliche Programmierung des Intranet-Auftritts.

- Sinnvolle und logische Verschlagwortung aller Elemente und Inhalte

  - Frustration durch "Nicht-Finden" der Anwender wird umgangen.
  - Umsetzung mithilfe permanenter Rücksprache, ob die gewählten Schlüsselwörter logisch und sinnvoll gewählt sind. Möglich ist auch Verschlagwortung mit den umgangssprachlich genutzten Begriffen.

1.4   Zielsetzung und methodisches Vorgehen

1.4.1   Gründe für eine zentrale Wissensplattform

Der Wunsch nach einem zentralen Ort für Wissen ist universal vorhanden, was auch die große Beliebtheit und Nutzung von bspw. Google und Wikipedia **[Busemann, Gscheidle]** erklärt. Die Gründe dafür liegen scheinbar auf der Hand: übersichtliche Informationsdarstellung und vor allem nicht das Suchen, sondern das Finden von Content. Für eine innerbetriebliche Wissensplattform gibt es hingegen noch weitere Aspekte und Intentionen, die hier zitiert und formuliert sind.

- "Der höchste Handlungsbedarf (60-90 %) liegt laut Fraunhofer im Bereich Sicherung von Erfahrungswissen [ältere Mitarbeiter gehen in Rente]. Die Umsetzung des Wissenstransfers [...] wird besonders im Bereich der operativen Prozesse als mangelhaft eingestuft. Hier liegt die größte Herausforderung [...], Erfahrungen, Wissen und Kompetenzen transparent zu machen bzw. zu identifizieren und somit mehreren Mitarbeitern zur Verfügung zu stellen." **[Fraunhofer: 93-94]**

- Das „Wir-Gefühl". Der Einbezug der Mitarbeiter schafft Motivation. „Im Idealfall gelingt es einer Führungskraft, dass die Mitarbeiter ein bestimmtes Vorhaben zu ihrer „eigenen Sache" und damit zum Objekt ihrer spezifischen Motivation machen." **[Niermeyer; Postall: 57]**

- Vorteilhaft ist weiterhin die Interaktivität, die in einem Intranet (bspw. durch organisierte Chats, Kommentarfunktionen oder Foren) umgesetzt werden kann. **[Viedebantt: 474]**

- Egenolf hat die Möglichkeiten, die eine Wissensplattform bietet, übersichtlich und gut dargestellt. Egenolf schlägt vor, das Intranet als Teil eines Wikis zu verstehen. Dieser Ansatz ist sehr gut und nachvollziehbar, jedoch hat die Seichter GmbH sich gegen ein Wiki als Informationsmanagementtool zugunsten eines klassischen Intranets entschieden.

1.4.2 Zielsetzung und wissenschaftliche Fragestellung

All diese Erkenntnisse, Regularien und Vorstellungen bilden die Beta-Version des Intranets und die Basis der Evaluation. Das Ziel besteht darin, eine funktionierende und akzeptierte virtuelle Kaffee-Ecke zu implementieren, die sich ebensolcher Beliebtheit erfreut wie ihr reales Pendant. Da diese Aussage viel zu pathetisch ist, werden die Zielsetzungen einzeln definiert und so versucht, ein möglichst genaues Bild von dem Ziel darzustellen.

Die wissenschaftliche Fragestellung beschäftigt sich damit, wie ein Intranetauftritt beschaffen sein muss, damit

- das Angebot von den Nutzern angenommen wird,

- das Angebot von den Nutzern gepflegt wird und

- die Nutzer aktiv mitarbeiten.

Die Grenzen und Möglichkeiten für diese Fragestellung ergeben sich zwar auch aus den lokalen Gegebenheiten (nicht jeder hat einen eigenen Rechner), der Großteil kausiert aber m. E. nach aus der Persönlichkeit des Nutzers und dessen Einstellung zu dem Medium Intranet. Dazu gehören

- die Aspekte, warum Nutzer manches anwenden und anderes nicht,

- welche Beweggründe zur Mitarbeit anregen und

- welche Inhalte Interesse wecken.

Im Fokus stehen also das Medium und seine Beschaffenheit. Durch die Evaluation (siehe "Evaluation" auf Seite 33) wird versucht, die Beweggründe der Nutzer zu beleuchten und die Inhalte herauszufiltern, die Interesse generieren. Entsprechend werden die Ergebnisse und deren Verbindungen dann in der "Ergebnisanalyse" auf Seite 45 vorgestellt, um den Intranetauftritt so zu modifizieren, dass die Kaffee-Ecke gerne genutzt und gepflegt wird.

1.4.3 Konzepterstellung für den Intranetprototypen

Zur Hinführung des Intranetprototyps wird die Entstehung kurz erläutert.

1. Ideensammlung am Schreibtisch der offenen Tür

In diesem ersten Schritt hatte absichtlich nur die Verwaltung von der Erstellung eines Intranetauftritts Kenntnis, um die Neugierde und das Interesse der Montagebereiche zu wecken. In diesem Zeitraum haben die Mitarbeiter der Verwaltung formlos Ideen, bezüglich möglicher Inhalte am Schreibtisch der Projektverantwortlichen, gesammelt. Diese Ideen wurden dann auf kleine Kärtchen geschrieben, um diese jederzeit physisch (neu) anordnen zu können (Card Sorting Methode). Nach etwa einer Woche wurden die Kärtchen grob strukturiert und zu Gruppen zusammengefasst. Da die Kärtchen offen am Schreibtisch auslagen, wurde die Sensibilität der Mitarbeiter gefördert und Ideen sowie die Struktur wurden vertieft, formuliert und/oder verworfen.

2. Von der losen Idee zur groben Struktur

Nachdem sich die Card Sorting Methode bewährt hatte, wurde die Struktur sehr einfach und locker in einer Tabelle festgehalten. Alle Menüpunkte sowie deren Unterpunkte waren Arbeitstitel. Das Ergebnis war die visuelle Basis für Schritt drei.

3. Denkanstöße ausgewählter Personen der Verwaltung (Meeting)

Im dritten Schritt sind die Projektverantwortliche sowie ausgewählte Personen der Verwaltung zu einer Besprechung zusammengekommen. Idee und Ziel waren eine erste grobe Evaluation sowie weitere Denkanstöße, um weiterführende Inhalte erstellen zu können. Außerdem wurden einige generelle Formalitäten festgelegt:

- Navigiert wird über ein Suche-Feld, die Navigationsstruktur muss jedoch trotzdem sichtbar sein (ähnlich wie ein aufgeräumtes Wikipedia). Die Trefferliste der Suche wird inkl. Pfad (Breadcrumbs) angezeigt, um eine Zuordnung zu dem jeweiligen Menüpunkt herstellen zu können (*Mitarbeiterbereich*, etc.).

- Ein News-Bereich für jeden Menüpunkt (*Wissen, Firmenintern, Arbeitsplatz, Mitarbeiterbereich, Für den Kunden*) wird auf der Startseite platziert. Es werden pro Menüpunkt die letzten drei Meldungen mit Anlesetext stehen. Die Meldungen rutschen entsprechend in die jeweiligen Menüpunkte oder ins Archiv, sobald die vierte Meldung dazu kommt.

- Einrichtung von Benutzern mit Verteilung der Schreib- und Leserechte, entsprechende Freigabemechanismen werden zugeordnet (falls ein Schreibrecht besteht, wird die jeweilige fachliche Person zugeordnet, die den Artikel freigibt, anschließend wird der Artikel stilistisch freigegeben und eingepflegt). Es besteht also nur ein passives Schreibrecht, da durch die Besuchsberichte deutlich wurde, dass die Mitarbeiter teilweise sehr unterschiedliche und eigenwillige Schreibstile haben.

- Benutzer können best. Menüpunkte/Themenbereiche abonnieren, um ihren Interessen und Aufgabenbereich gemäß immer informiert zu sein.

- Best. Benutzer (größtenteils der Verwaltung) werden regelmäßig per E-Mail erinnert, ob es Neuerungen in ihrem Bereich / Aufgabenbereich gibt. Damit wird der „natürlichen Faulheit" entgegengewirkt. Es besteht die Hoffnung, dass diese Maßnahme nur so lange nötig ist, bis sich das Intranet etabliert hat.

- Um einen motivationalen Anreiz für die Mitarbeiter zu schaffen, wird ein Mitarbeiterbereich implementiert. Inhalte im Mitarbeiterbereich werden weder kontrolliert noch gefiltert, bevor sie eingestellt werden. In dieser Gruppe hat entsprechend jeder Mitarbeiter Schreibrechte.

- *Arbeitsplatz*-Inhalte werden von der Verwaltung gepflegt und von den entsprechenden Verantwortlichen fachlich und stilistisch freigegeben.

- *Wissen*-Inhalte werden ggf. stilistisch aufbereitet und fachlich freigegeben und die Quelle entsprechend verifiziert. Entsprechend kann und wird ein Qualitätsstandard aufgebaut und gehalten.

- Aus Gründen der Datensicherheit wird auf einem Webserver die Struktur abgebildet und nur mit unsensiblem Content (E-Mail-Signatur, Patente, Zertifikate, Urlaubsantrag) gefüllt. Durch dieses Vorgehen hat der ausgewählte Personenkreis einen plastischeren Eindruck von der Intranetstruktur und kann diese bewerten. Nach der erfolgreichen Abnahme durch ausgewählte Personen der Verwaltung wird das Intranet aus dem Internet auf einen lokalen Webserver importiert, mit sensiblem Content gefüllt und evaluiert.

4. Wissen in seiner schönsten Form

Entwicklung der grafischen Oberfläche auf Basis von Schritt drei und den Bedürfnissen der Mitarbeiter an eine Wissensplattform. Weiterhin wurden bekannte Strukturen (Wikipedia) mit aufgenommen, um den Zugang zu erleichtern und unbewusst das Gefühl hervorzurufen (durch bekannte, positiv interpretierte Strukturen und Erfahrungen), dass diese Seite Hilfestellung leistet.

5. Gesammelte Werke absprechen, zuschicken und offene Fragen klären

Alle bis hierher gewonnenen Erkenntnisse dienten als Basis, um den ersten Kontakt mit dem Verantwortlichen für die technische Umsetzung (externer Dienstleister) herzustellen. Anschließend wurden alle bisher angefertigten Dokumente (Struktur, Layout sowie die generellen Formalitäten) an den externen Dienstleister zur Umsetzung versandt.

6. Technische Umsetzung des entwickelten Prototyps

Die technische Umsetzung wurde nach Rücksprache der Geschäftsführung in Auftrag gegeben. Die Kommunikation mit dem externen Dienstleister wurde zum größten Teil per E-Mail umgesetzt, da durch diese Kommunikationsform gewährleistet ist, dass bei Bedarf ausgewählte Personen eine Kopie der E-Mail erhalten und informiert werden. Weiterhin war durch die temporäre Platzierung auf einem Webserver die Kontrolle des Fortschritts von Hannover aus möglich. Auf Nachfragen von interessierten Mitarbeitern hatte die Projektverantwortliche so die Möglichkeit, den jeweiligen Stand zu präsentieren und bei der technischen Umsetzung einzugreifen, falls sich etwas ändert oder verändert werden muss. Aus Gründen des Datenschutzes und Firmeninterna sind die Inhalte auf dem Webserver exemplarisch und nur sehr bruchstückhaft vorhanden. Die kompletten Daten und Inhalte werden eingepflegt, sobald das Intranet auf einem lokalen Webserver implementiert wurde.

7. Aus extern mach intern - Das Intranet kommt nach Hause

Das Intranet im Internet wird durch eine lokale Implementierung auf einen Webserver exportiert (vgl. "Gründe für eine zentrale Wissensplattform" auf Seite 5). Durch diesen Umzug ist das Intranet voll einsatzfähig, da nun auch sensibler und entsprechend informativer Content eingestellt und bearbeitet werden kann.

1.4.4 Entwicklung des Layouts (exemplarisch: die Startseite)

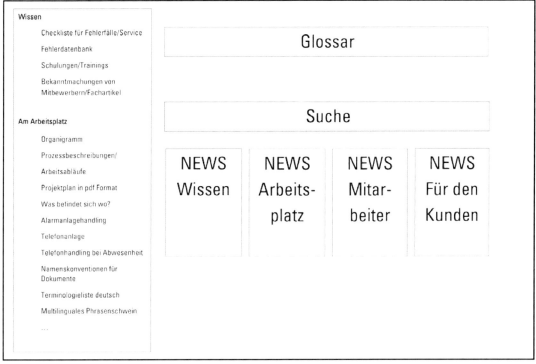

Abb. 1 Geplantes Layout der Startseite (Stand: 02.02.2012)

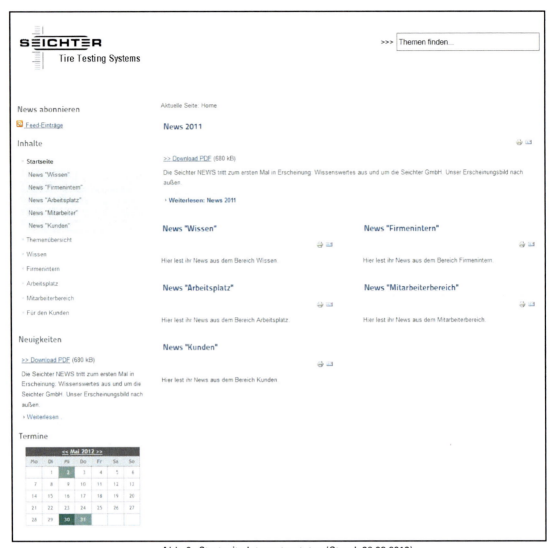

Abb. 2   Startseite Intranetprototyp (Stand: 26.03.2012)

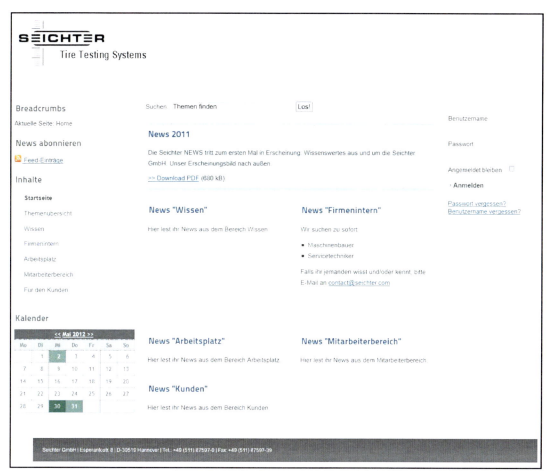

Abb. 3   Startseite des Intranetauftritts (Stand: 30.05.2012)

Das Kernstück der Startseite sind nun die News-Bereiche. Auch hier wird auf die Erfahrung und unbewusst bekannte Strukturen und Navigationen der Nutzer durch andere Internetseiten gesetzt. Nicht zuletzt bieten die News-Bereiche auf der Startseite genau den schnellen und übersichtlichen Überblick, den das Intranet umsetzen und gewährleisten soll.

Die Glossarfunktion ist erst einmal hinten angestellt und wird bei Bedarf nach der Evaluation implementiert. Ersatzweise wurde die Themenübersicht (Sitemap) eingeführt, da diese auch von vielen Internetseiten bekannt ist und dem Gestaltgesetz der Erfahrung genügt. Weiterhin ausschlaggebend für die Nicht-Umsetzung der Glossarfunktion ist die dreifache Möglichkeit, Content zu finden (Menüpunkte auf der linken Seite, Themenübersicht und das Suche-Feld).

Die Themenabonnementfunktion wird über RSS-Feeds realisiert. Hier kann der Nutzer bestimmte Themenbereiche abonnieren und bekommt E-Mails, sobald ein neuer Eintrag in seinem Interessenbereich erstellt wurde. Der Anlesetext erscheint in diesem Fall in der erhaltenden E-Mail. Falls Interesse besteht, kann sich der Nutzer entweder den Artikel über eine Verlinkung ansehen oder (falls vorhanden) direkt das Dokument herunterladen.

Weiterhin wurde ein Kalender links unten eingefügt. Dieser hat keine Funktion, sondern dient nur der Orientierung. Zu Testzwecken sind die Geburtstage der Mitarbeiter sowie die Schulferien in Niedersachsen, eingetragen. Die Idee, den Kalender mit MS Outlook oder MS Project zu synchronisieren, wurde verworfen, da sonst zu viele Möglichkeiten der Terminierung vorhanden sind und die Gefahr besteht, dass nicht alle Kalender gepflegt werden, bzw. die Mitarbeiter nicht auf den gepflegten Kalender zugreifen.

Das Suche-Feld wurde mittig platziert, um das Gesamtbild harmonischer zu gestalten. Des Weiteren ist diese Position des Suche-Feldes von anderen nützlichen und notwendigen Internetseiten (seichter.com, google.de, etc.) bekannt und genügt wiederum dem Gestaltgesetz der Erfahrung.

1.5 Technische Umsetzung und Vorstellung von Joomla!

Die technische Umsetzung wurde extern vergeben und entsprechend über einen Dienstleister realisiert. Technisch wird der Intranetauftritt mit Joomla! Version 2.5.4 umgesetzt, ausschlaggebend für diese Wahl ist die Kenntnis von Joomla! (Umsetzung der Firmen Homepage ebenfalls mit Joomla!) und den Erfahrungen von diversen Mitarbeitern mit diesem Open-Source Content-Management-System. Aus Gründen der Datensicherheit und der räumlichen Distanz bildete der Dienstleister auf einem Webserver lediglich die Struktur ab, welche nur mit unsensiblem Content (E-Mail-Signatur, Patente, Zertifikate, Urlaubsantrag) gefüllt wurde. Nach erfolgreicher Umsetzung des Prototyps auf einem Webserver wurde der Prototyp über die MySQL-Daten aus der Entwicklungsumgebung auf eine Subdomain exportiert und über PHPmyAdmin in das neue, lokale System importiert.

Dann wurden erste Probleme und Kommunikationsmissverständnisse zwischen dem Dienstleister und der Projektverantwortlichen deutlich. Die Unkenntnis der Projekt-verantwortlichen von Joomla! führte dazu, dass der Dienstleister die gewünschten Inhalte möglichst einfach und dabei teilweise schlecht ergänzbar umzusetzte. Nachdem der Prototyp lokal implementiert wurde, fielen zusätzlich diverse Schwachstellen auf. Entsprechend wurden von der Projektverantwortlichen die Struktur neu gebildet und verschoben, bzw. die Inhalte neu sortiert und ergänzt. Um einen kleinen Überblick zu geben, ist nachfolgend eine Zusammen-fassung der für das Intranet relevanten Funktionalitäten, Möglichkeiten und Umsetzungen dargestellt.

1.5.1 Struktur und Menüs, Untermenüs, Kategorien und Beiträge in Joomla!

Die grundsätzliche Struktur bzw. der Aufbau in Joomla! wird im Backend [2] umgesetzt. Die Inhalte von Joomla! basieren auf einer Baumstruktur, ähnlich wie DITA oder DocBook (DTDs). Weiterhin gibt es viele, häufig kostenfreie, Erweiterungen (Extensions) für Joomla!, die wiederum mit Plugins angereichert werden. So kann dieses eigentlich recht simple, übersichtliche und kostenfreie Open-Source Content-Management-System fast jede Funktionalität aufnehmen und umsetzen. M. E. nach ist eine übersichtliche Struktur, in diesem

Fall die Baumstruktur, der aufwendigste und zeitintensivste Bereich, allerdings auch das Kernstück. Sofern dieser Bereich sauber ausgearbeitet und umgesetzt ist und gepflegt wird, steht eine solide Basis zur Verfügung.

Vorstellung des Backends

Die Hauptthemen *[hier: Menüeinträge]*, wie zum Beispiel Wissen, Firmenintern, Mitarbeiterbereich, sind ganz links aufgeführt. Die dazugehörigen Unterthemen *[hier: Untermenü]* sind eingerückt. Die Einrückungen werden so weit fortgeführt, wie sie notwendig sind, und werden jedes Mal automatisch umgesetzt. So ist schon auf den ersten Blick erkennbar, wie die Themenbereiche geschachtelt und angeordnet sind:

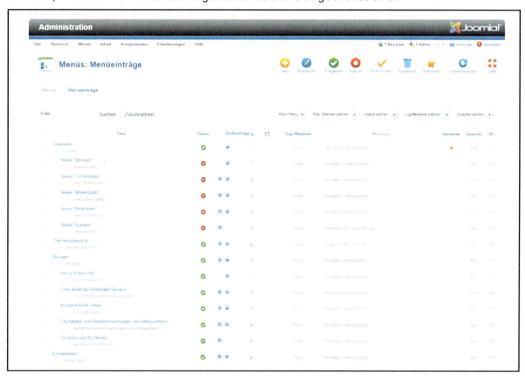

Abb. 4   Screenshot Backend – Menüs: Menüeinträge (Stand 30.05.2012)

Vergleich: Einstellungen im Backend, Ansicht im Frontend

Die angelegten und strukturierten Menüs und Untermenüs bilden die Navigation auf der linken Seite im Frontend [3]. Durch Anklicken der Menüs [*hier: Wissen*] klappen die Untermenüs aus und sind ebenfalls sichtbar. Weiterhin sind die Menüs und Untermenüs farblich hervorgehoben, sobald der Mauszeiger über diesen Bereich fährt. In der Mitte der Seite im Frontend tauchen dann sogenannte Kategorien auf [*hier: Unterkategorien*]. Diese Kategorien wiederum beinhalten, je nach Einstellung, die Beiträge, in denen nun die Texte zu der jeweiligen Kategorie hinterlegt sind. Alle Menüs, Untermenüs, Kategorien und Beiträge sind miteinander verknüpft.

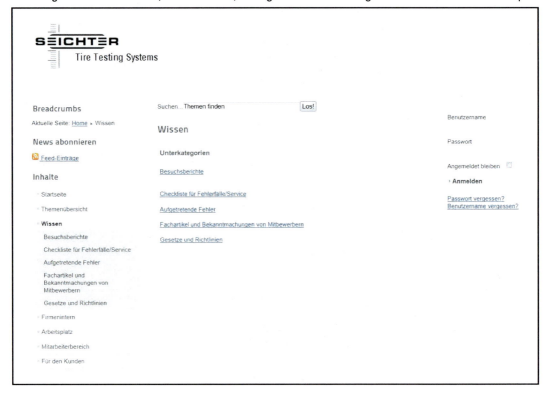

Abb. 5 Screenshot Frontend — Untermenü Wissen ausgeklappt inkl.
dazugehörige Kategorien (Stand: 30.05.2012)

Um noch einmal plastisch die Struktur darzustellen, ist hier noch einmal die Baumstruktur mit den jeweiligen Inhalten dargestellt:

Menüeintrag **Wissen**
    Untermenüeintrag **Besuchsberichte**
       Kategorie **Besuchsberichte**
          Beitrag **Goodyear-Riesa-XXX**
          Beitrag **Besuchsbericht**
          Beitrag **XXX**
    Untermenüeintrag **Checkliste für Fehlerfälle/Service**
       Kategorie **Checkliste für Fehlerfälle/Service**
          Beitrag **XXX**

Jeder Inhalt (Menü, Untermenü, Kategorie, Beitrag) kann in beliebiger Anzahl existieren, allerdings sollte aufgrund von Gestaltgesetzen sowie der Übersichtlichkeit wegen auf eine relativ flache Hierarchie geachtet werden. Ansonsten besteht die Gefahr, dass der Nutzer sich überfordert fühlt, frustriert ist und die Intranetseite verlässt.

Die Abhängigkeiten und wichtigsten Wahl- und Einstellmöglichkeiten in den jeweiligen Inhalten werden ebenfalls kurz vorgestellt und skizziert.

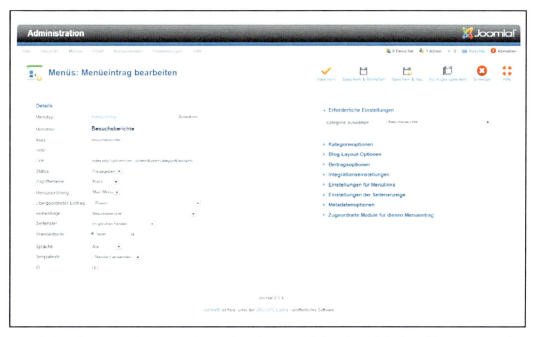

Abb. 6   Screenshot Backend – Menüs: Menüeintrag bearbeiten: Besuchsberichte (Stand: 30.05.2012)

Der **Menütitel** *Besuchsberichte* wird von dem Administrator vergeben, das **Alias** automatisch vom System. Bei **Status** wird gewählt, ob der Menüeintrag *Freigegeben*, *Gesperrt* oder *Papierkorb* lautet. In der Zugriffsebene definiert der Administrator, ob alle Nutzer den Menüeintrag sehen können (*Public*), nur die angemeldeten Nutzer (*Registered*) oder nur eine bestimmte, vom Administrator definierte Gruppe (*Special*). Wichtig ist, dass bei der Auswahl-möglichkeit **Übergeordneter Eintrag** der zu bearbeitende Menüeintrag korrekt und sorgfältig einsortiert wird, ebenso wie auf der rechten Seite unter **Erforderliche Einstellungen** die jeweilige *Kategorie* gewählt werden muss. Sehr wichtig, um dem Nutzer das Finden von Content zu erleichtern, ist auf der rechten Seite der Reiter **Metadatenoptionen**. Hier werden vom Administrator **Meta-Schlüsselworte** festgelegt. Bspw. kann so ein Beitrag in der Kategorie *Besuchsberichte* erstellt werden und als Schlüsselworte werden anwesende Personen, Bauteile, mit denen es Probleme gab o. a. eingetragen. Gibt der Nutzer dann im Frontend im Suche-Feld z. B. Drehgeber ein, wird ihm u. a. als Treffer der Besuchsbericht **Goodyear-Riesa-XXX** angezeigt.

1.5.2   Benutzergruppen und deren Zugriffsrechte

Ein weiterer wichtiger Punkt sind die Zugriffsrechte, da es mitunter Inhalte gibt, die nicht für jeden Mitarbeiter verfügbar sein sollen, bzw. irrelevant sind. Der Zugriff wird durch Erstellung von Benutzergruppen eingeschränkt und geregelt. Der Mitarbeiter muss und sollte sich also anmelden, sobald er das Intranet nutzt (Zuordnung von Benutzergruppen und Zugriffsrechten). Aus internen Gründen wurde der *Registrieren*-Button von der Startseite entfernt. Die Mitarbeiter melden sich bei der Projektverantwortlichen im Backend an, dort werden die jeweilig benötigten Rechte zugewiesen und erklärt, warum welche Rechte zugewiesen werden. Da die Rechteverwaltung anschaulich gestaltet ist, können auch im Nachhinein weitere Rechte zugesprochen oder aberkannt werden.

Es gibt im Wesentlichen vier Benutzergruppen, die ihre Rechte untereinander vererben (Erklärung folgt bei der jeweiligen Benutzergruppe):

- **Admin**: Diese Benutzergruppe hat, wie bei dem Namen vermuten lässt, fast alle Rechte im Back- und Frontend. Admins können also lesen und schreiben, bearbeiten und löschen, neue Nutzer anlegen und löschen. Die einzige Benutzergruppe, die noch umfangreichere Zugriffsrechte hat, ist die Benutzergruppe der Superuser. In dem Fall des Seichter GmbH Intranets haben drei Personen die Rechte des Superusers. Dies ist dem Umstand geschuldet, dass die Verantwortung nicht nur auf einem Mitarbeiter konzentriert sein soll, damit auch weiterhin Themen/Bereiche, Nutzer und Kategorien bearbeitet, erstellt und verschoben werden können, falls eine Person nicht im Haus ist.

- **Public**: Das ist jeder, der sich auf den Seiten des Intranets umsieht. Es bestehen wegen der Inhalte nur beschränkte Lese- und gar keine Schreibrechte. Jeder Benutzer ist auf Public gesetzt und vererbt diese Rechte, also darf jeder Nutzer (die beschränkten Inhalte) lesen. Public ist die Benutzergruppe mit den geringsten Rechten.

- **Reisende**: Diese Benutzergruppe hat Lesezugriff auf einen weiteren Themenkreis. Wie der Name der Benutzergruppe aussagt, handelt es sich um Mitarbeiter, die häufig zu Serviceeinsätzen oder auf Montagen fahren. Inhalte sind bspw. PINs und Passwörter für die Firmentelefone oder den iTunes Store. Schreibrechte bestehen nicht. Der Nutzer hat also lediglich erweiterten Lesezugriff.

- **Verwaltung**: Für diese Gruppe erschließt sich ein anderer Themenbereich, in diesem Fall u. a. die Beiträge zum Expressversand. Dieser Bereich ist auch wieder wegen der Passwörter zugriffsbeschränkt. **Reisende** haben keinen Zugriff auf die **Verwaltungs** Inhalte.

Im Gegensatz zu den **Reisende**-Inhalten wird hier zusätzlich angezeigt, dass diese Themenbereiche existieren, jedoch zugriffsbeschränkt sind.

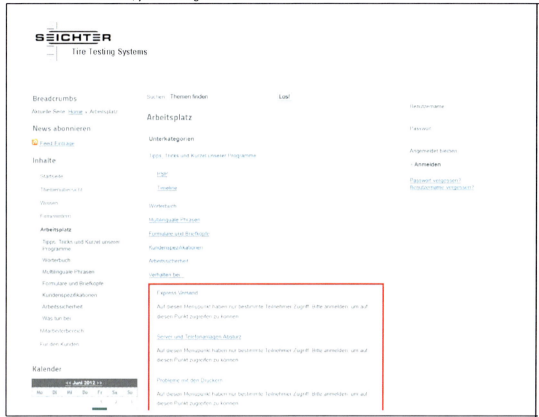

Abb. 7   Screenshot Frontend – Hinweis auf zugriffsbeschränkten Inhalt

Weiterhin ist die Benutzergruppe *Verwaltung* die einzige Personengruppe, die über Schreibrechte verfügt. Meldet sich ein Mitarbeiter dieser Benutzergruppe an, erscheint in der Navigation auf der linken Seite ein zusätzliches Menü: das Benutzermenü (Ellipse auf der linken Seite).

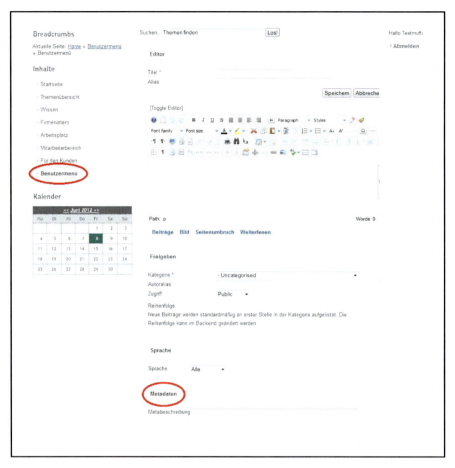

Abb. 8   Screenshot Frontend – Neuen Artikel im Benutzermenü erstellen

Der Nutzer schreibt jedoch nicht nur seinen Artikel, sondern muss diesen auch in die betreffende Kategorie einordnen und die Zugriffsrechte festlegen. Weiterhin hat der Nutzer die Möglichkeit, seinem Artikel Schlüsselwörter und Metadaten zuzuweisen [Schlüsselwörter erleichtern das Auffinden der Beiträge, bspw. wurden dem Beitrag iPhone zusätzlich die Schlüsselwörter Firmentelefon, Servicehandy, Diensthandy, Montagehandy zugewiesen, siehe "Konzepterstellung für den Intranetprototypen" auf Seite 7]. Ist der Mitarbeiter zufrieden, klickt er auf *Speichern*. Der Artikel ist dann so lange gesperrt und unsichtbar, bis die Projektverantwortliche Inhalt und Struktur, sowie Kategorisierung und Schlüsselwörter überprüft hat. Dann wird der Artikel freigegeben und ist sichtbar. Der Mitarbeiter, der den Artikel geschrieben hat, bekommt diesen dann in seinem eigenen Benutzermenü angezeigt inkl. der Statusmeldung, dass dieser freigegeben ist. Diese Maßnahme ist dem Wunsch geschuldet, dass der Inhalt überprüfbar ist und dass die Struktur und die Wortwahl der Inhalte standardisiert sind (siehe "Konzepterstellung für den Intranetprototypen" auf Seite 7).

2 Theoretischer Rahmen

2.1 Grundlagen Intranet

2.1.1 Begriffsdefinition und Ziele von Intranetauftritten

Als Intranet wird eine moderne Benutzeroberfläche in einem internen Netzwerk bezeichnet. Dabei ist es unerheblich, ob der Intranetauftritt für eine Firma, einen Verein, eine Hochschule oder andere Organisationen realisiert wurde. Letztlich bündeln sich hier interne Informationen, oft auch zugeschnitten auf bestimmte Abteilungen oder Bereiche. Natürlich gibt es viele unterschiedlich umgesetzte und genutzte Intranetauftritte. Manch einer nutzt das interne Netzwerk nur um sich den aktuellen Kantinenplan anzuschauen, auf anderen Plattformen wird ein großer Teil des Projekt- und Prozessmanagements umgesetzt (vgl. Siehe "Global Intranet Trend Report" auf Seite 20.).

Bezugnehmend auf die Erreichbarkeit und den Zugriff gibt es zwei Möglichkeiten: Entweder hat man nur im lokalen Netzwerk Zugriff auf die Informationen oder das Intranet ist auf einen öffentlich zugänglichen Webserver implementiert. Häufig ist der unsensible Content für alle Angehörigen der jeweiligen Organisation zugänglich und ein privatisierter, sensibler Teil ist mit Zugriffsbeschränkungen (klassisch Benutzername und Kennwort) geschützt. Häufige Inhalte von bspw. firmeninternen Intranets sind Ankündigungen, Kantinenpläne, Termine für Messen, Seminare oder kurze Informationseinheiten sowie Wissensarchive.

Das Ziel eines firmeninternen Intranets ist auf den ersten Blick offensichtlich: die Mitarbeiter schnell, unkompliziert und umfassend zu informieren. Die Bereitstellung der Informationen erfolgt in klaren Strukturen und mit leistungsfähigen Funktionen. Die Beweggründe, eine zentrale Wissensplattform zu implementieren, sollten sich nicht einmal von Arbeitgebern zu Arbeitnehmern unterscheiden, da das umfassende Ziel im Wissensmanagement selbst bestehen sollte.

2.1.2 Technische Voraussetzungen für ein Intranet

Nachfolgend sind die technischen Voraussetzungen stichpunktartig aufgeführt:

- Die Mitarbeiter sollten Zugang zu einem Computerarbeitsplatz haben.

- Dieser Computer muss in das Firmennetzwerk eingebunden sein und

- auf diesem Computer muss ein Internetbrowser installiert sein.

Die menschlichen Voraussetzungen sind unter "Motivation der Intranetnutzung" auf Seite 24 aufgeführt.

2.1.3 Global Intranet Trend Report

Nicht unwichtig sind natürlich auch die Trends der Intranetnutzung, um Nutzen für das Intranet der Seichter GmbH abzuschöpfen. Jane McConnell befragt seit einigen Jahren weltweit Mitarbeiter von über 300 Unternehmen unterschiedlichster Größe und fasst auf Basis dieser Befragungen fünf übergreifende Trends zusammen. Diese werden dann jährlich kostenpflichtig veröffentlicht unter dem Titel „Global Intranet Trend Report". Die befragten Unternehmen sind zwar um ein Vielfaches größer als die Seichter GmbH und aufgrund dessen sind die Trends nicht komplett umzulegen, aber es ist interessant und auch wichtig, worauf die Mitarbeiter ihren Fokus legen, da dadurch evtl. auch wieder die Motivation gesteigert wird. Folgende Trends wurden 2009 erstmals definiert und dann 2010 angepasst:

1. The front-door intranet – „The intranet is becoming the entry point into the „workplace web" – the ensemble of resources and information needed by staff."

2. The team-oriented intranet – „Collaboration is considered to be part of the broader intranet scope and collaborative spaces are becoming part of the intranet."

3. The people-focused intranet – „Organizations are beginning to realize that bottom-up flows of information and greater interactivity are essential for organizations."

4. The real-time intranet – „Organizations are experimenting with real-time communication and publishing tools that make publishing easy and fast."

5. The place-independent intranet – „The intranet is gradually becoming place-independent. This means it can be accessed from home, from a hotel room or other external locations using a computer, a laptop or a smart phone."

[Global Intranet Trend Report]

Mit dem ersten Trend ist eine übersichtliche und flache Darstellung für die Startseite des Intranets definiert, die den Zugang erleichtern soll. Als Beispiel ist hier das mittlerweile recht bekannte Dashboard nach dem iGoogle Prinzip genannt. Google wirbt für sein Dashboard bspw. mit dem Slogan „Alle Daten Ihres Kontos im Blick".

Letztlich zeigen Dashboards eine personalisierte Übersicht der anstehenden Projekte und Daten.

Abb. 9   Dashboard für Studenten der Leipzig School of Media

Der zweite Trend bezieht sich auf die Zusammenarbeit von Teams, bspw. eigene Bereiche für bestimmte Abteilungen. In diesem Bereich kann dann ein Kalender verwaltet werden, Mitarbeiter tauschen sich in Foren aus und definieren und verwalten ToDo-Listen.

Der dritte Trend definiert die fortschreitende Personalisierung (bspw. Dashboard) und Social Media, also auch die entsprechende Selbstdarstellung. Als Schlagwort wird der Begriff der „virtuellen emotionalen Heimat" gebraucht. Durch Selbstdarstellung von privaten und geschäftlichen Kompetenzen werden Fachkräfte im eigenen Unternehmen gesucht und gefunden.

Im vierten Trend hat McConnell die dezentrale und übersichtliche Informationsbereitstellung und -erstellung abgebildet. Als Beispiele werden hier direkte Kommunikationsmittel wie Instant Messaging oder Statusmeldungen angeführt. Vorteilhaft werden hier die operative Arbeit und die schnelle Kommunikation angesehen, allerdings werden Tools dieser Art in Intranets bisher kaum umgesetzt.

Der fünfte und letzte Trend für 2010 fokussiert sich auf das mobile Intranet, also auf die Nutzung auf Endgeräten. Letztlich laufen hier alle Trends zusammen, wenn man bspw. an einen Serviceeinsatz denkt und der Mitarbeiter per Smartphone eine Anfrage in das Intranet stellt und sein Bereich darüber informiert wird. Das hieße, dass nicht mehr alle Kollegen aus diesem Bereich angerufen werden müssten, sondern die Frage zentral eingestellt werden würde und alle Mitarbeiter aus diesem Bereich darauf Zugriff hätten.

2.1.4 Nutzen für die Seichter GmbH aus dem Global Intranet Trend Report

Wie schon im Kapitel "Grundlagen Usability" auf Seite 25 erklärt, sind im Falle der Seichter GmbH die Trends mit Abstand und Interesse zu betrachten. Abstand, weil die befragten Firmen wesentlich größer sind als die Seichter GmbH, da häufig von mehreren Abteilungen gesprochen wird, und diverse Trends keine Anwendung finden [können]. Das bezieht sich zu einem großen Teil auf Trend zwei, dieser müsste entsprechend adaptiert werden und einfach firmenübergreifend gelten und nicht nur für bestimmte Abteilungen und/oder Bereiche. Bei Trend vier ist ebenfalls zu prüfen, ob ein Instant-Messaging-System bei der Seichter GmbH sinnvoll ist.

Sehr interessant sind jedoch die Trends eins, drei und fünf. Eine übersichtliche Darstellung der Projekte auf der Startseite, die sich derzeit im Ablauf befinden, sowie eine soziale Komponente wie Ankündigungen zu Sommer- oder Weihnachtsfesten sind sinnvoll. Auch das Intranet to go, also als mobile Variante, ist mehr als reizvoll. Allerdings müssen dann die entsprechenden Arbeitsrecht- und Datenschutzbestimmungen Beachtung finden. Der Soziale-Miteinander-Aspekt aus Trend drei findet sich in dem Intranet der Seichter GmbH bspw. in der Kollegenvorstellung oder dem Städteatlas wieder.

Partiell sind die Erkenntnisse dieser Studie also mehr als sinnvoll und sollten nach Abschluss der ersten Evaluation im Auge behalten werden. Denn auch hier spielen wieder die Aspekte der "Motivation der Intranetnutzung" auf Seite 24 eine Rolle und können dementsprechend positiv genutzt werden, damit das Intranet akzeptiert wird und die Mitarbeiter aktiv mitarbeiten.

2.1.5 Intranet als Informationsmanagementtool?

Laut Viedebantt hat das Intranet die Mitarbeiterzeitschrift als firmeninternes Informationsmedium abgelöst, da es moderner, schneller und deutlich billiger als eine Mitarbeiterzeitschrift ist. Außerdem wird durch das Intranet eine hohe Transparenz gewährleistet, gerade wenn eine unmittelbare Reaktion gefordert ist (bspw. Krisengerüchte, Arbeitskonflikte oder Unfälle).

Vorteilhaft ist weiterhin die Interaktivität, die durch organisierte Chats, Kommentarfunktionen oder Foren umgesetzt werden kann. Viedebantt führt zusätzlich als Beispiel die Integration ausländischer Kolleginnen und Kollegen in der Firma an. „Eine knackige Reportage, in der unterhaltsam die Eigenheiten einer anderen Kultur dargestellt werden, bewirkt vermutlich eine wirksamere Aufklärung als ein offizielles Informationspapier." **[Viedebantt: 474]**. Viedebantt bezieht sich zwar auf die Vorteile einer Mitarbeiterzeitschrift, aber dieser Aspekt kann auch auf ein Intranet adaptiert werden.

2.1.6 Vorteile eines Intranets

Einer der Vorteile von einem Intranetauftritt liegt in der zentralen Wissensbündelung. Gerade größere Unternehmen kämpfen mit dem Problem, dass zwar Wissen digital vorhanden ist und auch abgelegt wird, es jedoch keine sichtbar oder nachvollziehbare Struktur und Archivierung gibt. Und, was häufig noch vorherrschender ist, dass niemand weiß, dass es die Information schon gibt und entsprechend Zeit damit verbringt, eine schon vorhandene Information wiederholt zu recherchieren oder zu dokumentieren.

Rundmails oder Berichte in Papierform werden bspw. oft an alle Mitarbeiter geschickt, da es einfacher und schneller ist, eine E-Mail an alle zu versenden, als sich Gedanken zu machen, wen die Information der E-Mail wirklich interessiert und in wessen Arbeitsablauf sie eingreift. Bei einem Intranet hat der Nutzer die Möglichkeit, die Informationsflut zu filtern und zu reduzieren, da der Nutzer selbst entscheidet, was er lesen möchte und im Idealfall sofort auf der Startseite die neuesten Einträge zu sehen bekommt.

2.1.7 Nachteile eines Intranets

Die größte Herausforderung besteht m. E. in der fehlenden und/oder mangelnden Motivation. Die technischen Voraussetzungen lassen sich fast problemlos schaffen, ebenso wie das Verfassen von knappen und informativen Texten. Die Herausforderung besteht darin, die Mitarbeiter zur aktiven Mitarbeit zu motivieren, da ein digitales Wissensmedium (irrelevant, welche Darstellungsform verwendet wird) fast nur von der Mitarbeit lebt. Motivationale Anreize, wie zum Beispiel aus digitalen Spielen bekannt, sind nur zum Teil anwendbar, da das Intranet auch den seriösen und professionellen Ansprüchen der Geschäftsführung genügen muss. Entsprechend ist es kaum möglich, z. B. kleine Spiele einzubauen.

Weiterhin lesen viele Menschen ungern lange Texte am Bildschirm, die veröffentlichten Texte sollten knapp und übersichtlich sein. Ausführliche Hintergrundinformationen müssen schon sehr wichtig oder fesselnd sein, um den Nutzer zu fesseln. [Viedebantt: 468]

Eine weitere Schwierigkeit besteht in den Zugriffsrechten bzw. installierten Programmen, da nicht immer jeder Mitarbeiter Zugriff auf alle Ordner hat oder über die erforderlichen Zugriffsrechte verfügt. Das heißt, Mitarbeiter ohne Zugriffsrechte können keinen Nutzen aus dem Wissen ihrer Kollegen schöpfen.

Der offensichtlichste Nachteil eines bildschirmbetriebenen Informationsmediums ist wohl der Computerarbeitsplatz selbst. Computerarbeitsplätze sind nicht in allen Bereichen einer Firma Standard, in der Montage oder Produktion bspw. hat häufig nur der Meister Zugang zu einem Computerarbeitsplatz. Evtl. Terminals in Aufenthaltsbereichen besitzen nur begrenzten Charme, da die Arbeiter in ihren Pausen lieber miteinander sprechen, Essen oder Zeitung lesen. [Viedebantt: 468]

2.1.8 Motivation der Intranetnutzung

„Kommt das Motiv von innen oder von außen? Menschen erbringen nicht einfach grundlos Leistungen, sondern sie haben dafür ein Motiv. Psychologen unterscheiden zwei Arten von Motivation:

1. Die extrinsische Motivation, bei der Anreize von außen auf die Person einwirken. Das können z. B. Belohnungen in Form von Geld, Statussymbolen und Titeln sein.

2. Die intrinsische Motivation, bei der die Leistungserbringung selbst einen Reiz darstellt.

Untersuchungen haben gezeigt, dass die extrinsische Motivation in ihrer Wirkung nicht dauerhaft ist. Offenbar nutzen sich Belohnungen und finanzielle Anreize schnell ab bzw. werden zum eigentlichen Ziel der Anstrengung. Der Mitarbeiter ist dann also nicht mehr bemüht, ein besonders gutes Ergebnis abzugeben, sondern er will ein Ergebnis abliefern, das ihm seinen Bonus sichert. Dagegen hält die intrinsische Motivation, also die Freude an der Tätigkeit selbst, sehr viel länger vor. Die Zufriedenheit, die ein Mensch empfindet, wenn er ein Ziel erreicht hat, ist ein sehr starker Anreiz." **[Niermeyer; Postall: 60]**. Diese Aussage fasst das zusammen, was das Intranet erreichen möchte: dass ein Einbeziehen der Mitarbeiter auf eben jene motivierend wirken soll.

Trotzdem darf dieser Aspekt nicht nur oberflächlich behandelt werden. Aus Beobachtungen der Mitarbeiter bilden die Themen Fußball, Eishockey und Kinder die Basis für Privatunterhaltungen. Es ist wichtig, dass Privatunterhaltungen die Basis bilden, da dadurch alle Bereiche/ Altersgruppen und Bildungsniveaus zusammenkommen (durch die unterschiedlichen Arbeitsbereiche haben manche Mitarbeiter kaum etwas miteinander zu tun).

Bspw. gibt es eine Seichter Fußballtipprunde sowie eine entsprechende Tippkanone für den Gewinner. Auf dieser Tippkanone sind zusätzlich die Namen der Gewinner inkl. der Punktanzahl angebracht. Ein erster, motivationaler Aspekt wäre bspw. ein Foto des aktuellen Gewinners mit der Tippkanone im Intranet.

Zusätzlich werden kurze, selbst geschriebene Profile von allen Mitarbeitern sowie die Fotos von Firmenfeiern veröffentlicht. Darüber hinaus ist ein Städteatlas umgesetzt, in dem die Mitarbeiter nach einem Serviceeinsatz über Hotels, Restaurants, Freizeitmöglichkeiten sowie örtliche Gegebenheiten (Gefahrenstellen, Tankstellen) berichten.

Des Weiteren wurde über die Möglichkeit diskutiert, bei bestimmten Bereichen/Themen eine Kommentarfunktion einzuführen, damit eine Art virtuelles Gespräch entstehen kann. Gerade bei fachlichen Artikeln hat diese Variante nicht nur einen motivationalen Aspekt, sondern fördert auch einen fachlichen Austausch.

Abschließend wird in der Evaluation nicht nur die Motivation abgefragt, sondern auch, was wie beschaffen sein muss/sollte, damit das Intranet genutzt werden würde.

2.2 Grundlagen Usability

2.2.1 Begriffsdefinition Usability

Der Begriff Usability reicht weit und eine genaue und treffende Übersetzung zu finden scheint nicht einfach zu sein. Der Begriff wurde 1998 erstmalig in der Norm DIN ISO EN 9241-11 definiert und dann ein Jahr später mit Gebrauchstauglichkeit ins Deutsche übersetzt. Weiterhin wird Usability oft als Benutzerfreundlichkeit übersetzt, auch findet man den Begriff in der Softwareergonomie. Britta Hofmann vom Usability Kompetenzzentrum am Fraunhoferinstitut FIT hat die für sich wichtigste Erkenntnis so formuliert: „... man [sollte] kein Werkzeug entwickeln oder beurteilen [...], ohne genau verstanden zu haben, wer damit was machen möchte." **[Hofmann 2005]**

Laut Norm **DIN EN ISO 9241-11** (Ausgabedatum September 2008) ist Usability „das Ausmaß, in dem ein Produkt durch bestimmte Benutzer in einem bestimmten Nutzungskontext genutzt werden kann, um bestimmte Ziele effektiv, effizient und zufriedenstellend zu erreichen." Die Definition steckt die Grenzen, die betrachtet werden sollen, ab (bestimmte Nutzer in einem bestimmten Nutzungskonzept) und formuliert klar, wie der Nutzer sein Ziel erreichen möchte: effektiv, effizient und zufriedenstellend.

2.2.2 Ziele von Usability nach DIN EN ISO 9241-110

Die Ziele von Usability sind klar und deutlich in der DIN EN ISO 9241-110 definiert. Insgesamt gibt es sieben Dialoggrundsätze für interaktive Systeme, mit denen u. a. der Entwickler gut überprüfen kann, inwieweit das System benutzerfreundlich gestaltet ist.

1. *Aufgabenangemessenheit:* Ein interaktives System muss seinen Benutzer dabei unterstützen, seine Aufgabenziele vollständig, korrekt und mit einem vertretbaren Aufwand und mit zur Arbeitsaufgabe passenden Dialogschritten zu erledigen. Dieser Grundsatz wird kurz als Aufgabenangemessenheit bezeichnet.

2. *Selbstbeschreibungsfähigkeit:* Ein interaktives System muss so gestaltet sein, dass sein Benutzer jederzeit weiß, wo er sich im Dialog befindet, wie er da hingekommen ist und wie er von dort aus wieder an den Anfangspunkt gelangt. Wobei jederzeit wirklich wörtlich zu nehmen ist. Selbstbeschreibungsfähigkeit ist erst dann erreicht, wenn der Benutzer nicht erst über Tooltipps seine Handlungsmöglichkeiten (die sich gerne hinter undefinierbaren Icons verstecken) erfährt, sondern diese auch mit den „Händen hinterm Rücken" erkennt.

3. *Erwartungskonformität:* Ein interaktives System ist erwartungskonform, wenn es die Sprache und die „Arbeitsgebräuche" der Benutzer im Dialog berücksichtigt. Die Erwartungskonformität kann oft schon durch die Einhaltung von Konventionen und einer konsistenten Systemgestaltung erheblich verbessert werden.

4. *Fehlertoleranz:* Ein interaktives System muss seinem Benutzer gegenüber Fehlertoleranz beweisen. Dies bedeutet, dass es ihn einerseits vor Fehlern bewahrt - etwa durch klar verständliche Sicherheitsabfragen -, den Benutzer aber im Fehlerfall konstruktiv dabei unterstützt, den gemachten Fehler ohne großen Aufwand zu beheben.

5. *Steuerbarkeit*: Ein interaktives System muss sich von seinem Benutzer steuern lassen. Bietet ein interaktives System zum Beispiel eine „Rückgängig-Machen-Funktion" bei einem Textverarbeitungsprogramm, ist dies im Sinne der Steuerbarkeit.

6. *Individualisierbarkeit*: Ein interaktives System muss sich an die individuellen Fähigkeiten und Bedürfnisse seines Benutzers bei der Erledigung seiner Aufgaben anpassen lassen. Die Möglichkeit zur Vergrößerung der Schrift ist ein gängiges Beispiel für diesen Grundsatz der Individualisierbarkeit.

7. *Lernförderlichkeit*: Ein interaktives System sollte den Benutzer beim Erlernen des Umgangs mit ihm unterstützen und anleiten. Ein Beispiel für diesen Grundsatz der Lernförderlichkeit ist sicherlich in der Bereitstellung einer „Guided Tour" zu sehen." **[Hofmann 2008]**

2.2.3 Die Aufmerksamkeit der Nutzer oder die Verweildauer auf Webseiten

Drüber hinaus sollte man auch nicht die Verweildauer der Nutzer vergessen oder außen vor lassen. Nielsen formulierte dazu „Users often leave Web pages in 10–20 seconds, but pages with a clear value proposition can hold people's attention for much longer because visit-durations follow a negative Weibull distribution." **[Nielsen]**

Nielsen sagt weiterhin, dass die Wahrscheinlichkeit in den ersten zehn Sekunden eine Webseite zu verlassen am größten ist, da der Nutzer, aufgrund in der Vergangenheit gesammelter Erfahrungen mit schlechten Webseiten, sehr misstrauisch ist. Mit zunehmender Verweildauer steigt die Wahrscheinlichkeit, noch länger zu verweilen. Bleibt ein Nutzer 30 Sekunden, dann ist die Chance groß, dass er bis zu zwei Minuten oder sogar noch länger verbleibt.

2.2.4 Usability-Erkenntnisse für den Einsatz bei der Seichter GmbH

Nielsen hat das Ziel der Benutzeraufmerksamkeit klar formuliert „To gain several minutes of user attention, you must clearly communicate your value proposition within 10 seconds." Was muss also getan werden, damit der Nutzer länger auf einer Internetseite, in diesem Fall eine Intranetseite, verweilt? **[Nielsen]**

Die Voraussetzungen für ein Intranet (Siehe "Technische Voraussetzungen für ein Intranet" auf Seite 19.) sind weitestgehend erfüllt. Es verfügt zwar nicht jeder Mitarbeiter über einen eigenen Computerarbeitsplatz, die Meister in der Montage haben jedoch Computerarbeitsplätze, die jederzeit zugänglich sind. Die Mitarbeiter nutzen den Computer generell auch für andere Arbeiten, also sollte die Berührungsangst relativ gering sein. Zusätzlich sollten die sieben Dialoggrundsätze der DIN EN ISO 9241-110 eingehalten werden: *Aufgabenangemessenheit, Selbstbeschreibungsfähigkeit, Erwartungskonformität, Fehlertoleranz, Steuerbarkeit, Individualisierbarkeit* und *Lernförderlichkeit*.

Die Aufgabenangemessenheit wird durch eine Evaluation der Beta-Version gewährleistet werden. Sollte die Evaluation keine Aussage in dem gewünschten Umfang leisten können, werden zusätzlich Experteninterviews geführt, um genauere Erkenntnisse und/oder Lösungsvorschläge zu erhalten.

Die Selbstbeschreibungsfähigkeit wird durch verschiedene Möglichkeiten, Gewünschtes zu finden, umgesetzt. Weiterhin wird durch die Angabe des Pfades angezeigt, in welchem Teil/ Bereich sich der Nutzer aktuell befindet. Es wird angestrebt, dass der Nutzer seine Handlungsmöglichkeiten blind erkennt und das System selbsterklärend ist.

Die Erwartungskonformität wird ebenfalls mithilfe der Evaluation überprüft, um die Arbeitstitel der Menüpunkte/Menüunterpunkte und die Konventionen ggf. anzupassen.

Die Fehlertoleranz kann zunächst außen vor gelassen werden, da es beispielsweise keine Sicherheitsabfragen gibt und noch keine Fehler aufgetreten sind.

Die Steuerbarkeit wird ebenfalls mithilfe der verschiedenen Möglichkeiten, Gewünschtes zu finden, umgesetzt. Weiterhin sieht der Nutzer an dem angegebenen Pfad, wo er sich auf der Intranetseite befindet (Brotkrumennavigation) und kann durch einen Klick auf den gewünschten Begriff im angezeigten Pfad zu der Stelle zurückgehen, wo er sich neu auf der Intranetseite orientieren möchte.

Die Individualisierbarkeit wird derzeit nur über die verschiedenen Möglichkeiten, Gewünschtes zu finden, umgesetzt. Der Vorschlag bzgl. der Schriftvergrößerung wird deshalb in die Evaluation mit aufgenommen.

Der Intranetauftritt unterstützt den Nutzer und leitet ihn bei der Benutzung an. Tippt der Nutzer beispielsweise einen Begriff in das Suche-Feld ein, wird bei mehreren gefundenen Begriffen der Anlesetext angezeigt. Zusätzlich erhält der Nutzer hier auch durch die (Brotkrumen) Navigation eine Hilfe, da er den Eintrag mit dem Fundort vergleichen kann und relativ unproblematisch erkennt, ob es sich um den gewünschten Fund handelt oder nicht.

Abschließend lässt sich feststellen, dass der Implementierung eines Intranets bei der Seichter GmbH keine formalen Steine im Weg liegen. Die größte Schwierigkeit findet sich wahrscheinlich in der aktiven Mitarbeit der Mitarbeiter.

2.3 Medientheoretischer Rahmen

2.3.1 Mediengewohnheiten und Medienbindung

Laut Schweiger ist es unabdingbar, die Mediengewohnheiten seiner Nutzer zu kennen, um das Medienverhalten in einer bestimmten Situation zu prognostizieren, da Nutzungsmuster und Nutzungsepisoden positiv in einer Relation stehen. Weiterhin ist Schweiger der Meinung, dass „die Nutzungsepisoden nicht ausschließlich von der allgemeinen Medienorientierung gesteuert werden, [sondern durch] Rezipienteneigenschaften (Stimmung, aktuelle Bedürfnisse usw.)" **[Schweiger: 234]**

Schweiger weist weiter darauf hin, dass ein zusätzlicher wichtiger Aspekt die Medienbindung selbst ist, die der Nutzer an eine Mediengattung oder ein Medienprodukt hat. Diese lässt „sich entweder als Verhaltensgewohnheit (‚media behavior') begreifen und durch die Nutzungs-häufigkeit eines Mediums ermitteln oder als eine Form von Medienbewertung (‚gefühlte Bindung', Abschnitt 5.3.1)." **[Schweiger: 237]**

Im Folgenden werden zwei Theorien bzw. Handlungsansätze vorgestellt, die sich mit den Mediengewohnheiten der Nutzer sowie der Medienbindung selbst beschäftigen.

2.3.2 Vorstellung Medienaneignungstheorie

Die Medienaneignungstheorie ist subjektorientiert und beschäftigt sich mit der Verarbeitung und Verwertung von Medieninhalten durch den Nutzer (Rezipienten). Laut **[Schweiger]** definiert sich die Theorie nach dem Wert, was der Rezipient mit dem Inhalt der Medien bewirken und welcher Nutzen aus dem Inhalt generiert werden kann. Die Untersuchungsgegenstände [*hier: Intranet*] sind die Aneignungsprozesse als solches und ihr Zusammenhang mit dem persönlichen Umfeld des Rezipienten, dessen spezielle Interessen und aktuelle Probleme. Weiterhin werden die pädagogischen, soziologischen und ethnologischen Perspektiven berücksichtigt. In der Theorie sind zusätzlich parasoziale Interaktionen und Beziehungen definiert. Die parasoziale Interaktion beruht auf einer einseitigen Kommunikationssituation [*hier: Rezipient kommuniziert mit dem Intranet, indem er Beiträge schreibt, oder liest*] und wird aufgrund dessen auch als illusorische Kommunikation bezeichnet. Idealerweise entsteht eine parasoziale Beziehung zwischen Rezipient und Medium. Schweiger nennt als Beispiel eine Fernsehserie, bei der der Rezipient das Gefühl bekommt, die Serienfiguren zu kennen oder mit ihnen befreundet zu sein.

Ein weiterer Grundstein in der Theorie der Medienaneignung besteht in der Identitätsbildung. Schweiger führt an, dass die Identität eines Menschen zu großen Teilen auf seinem Wissen, der sozialen Bindung und dem Selbstwertgefühl basiert.

Adaptiert an das Medium Intranet hieße das, dass der Rezipient sich durch Lesen und Schreiben von Beiträgen Wissen aneignet und ggf. darüber spricht (also eine soziale Bindung mit den Kollegen herstellt und sein Selbstwertgefühl durch Wissen und soziale Bindung steigert). Abschließend findet eine Medienbewertung des Rezipienten statt. In der Medienbewertung beschließt der Rezipient, ob das gewählte Medium [*hier: Intranet*] die angestrebte Funktion erfüllt.

Schweiger sagt weiterhin, dass sich die Theorie mit der „,Durchdringung' des Alltags durch Medien und ihre Inhalte (,Mediatisierung' bzw. korrekt: Medialisierung)" **[Schweiger: 319]** beschäftigt. Der Nutzer verarbeitet Inhalt im subjektiven Sinn und durchläuft dabei mehrere Interpretationsschritte, reichert also seinen Inhalt mit eigenen oder gedanklich übernommenen Perspektiven an. Die Untersuchungsmethoden sind „ethnografische Beobachtungen, biografische Tiefeninterviews, Gruppendiskussionen, Nacherzählungen rezipierter Medien-inhalte (narrative Interviews), gelegentlich auch Konversationsanalysen anhand von Audio- oder Videoaufzeichnungen und quantitative Befragungen." **[Schweiger: 321]**

Modifiziert an das Intranet bedeutet das, dass die Bewertung des Mediums positiv ausfallen muss und der Rezipient sich in seiner Identität bestätigt fühlt. Weiterhin wird eine parasoziale Beziehung angestrebt.

2.3.3 Vorstellung Nutzen- und Belohnungsansatz

Der Nutzen- und Belohnungsansatz ist, im Gegensatz zu der Medienaneignungstheorie, medienorientiert und beschäftigt sich mit der aktiven Rolle des Rezipienten im Umgang mit einem Massenmedium [*hier: Intranet*]. Der Nutzen- und Belohnungsansatz ist, wie der Name sagt, mehr als Ansatz zu verstehen als eine Theorie. Der Rezipient entscheidet aus seiner Interessenlage und aus seinem Bedürfnis heraus, ob und welches Medium er nutzt [*hier: Intranet als Alternative zum persönlichen Gespräch*]. Die Mediennutzung richtet sich also nach der Nutzererwartung (sich zu informieren) und der dazugehörigen Bedürfnisbefriedigung (wurde die gewünschte Information gefunden und für gut befunden). Der Nutzen- und Belohnungsansatz basiert auf fünf Grundannahmen:

Grundannahmen des Nutzen- und Belohnungsansatzes	Adaptiert an das Seichter Intranet
1. Das Publikum ist aktiv und stellt Erwartungen an das Medium.	Die Mitarbeiter der Seichter GmbH stellen aktiv und bewusst Erwartungen an das Intranet, bspw. übersichtliche Strukturierung der Informationen.
2. Der Rezipient ist die zentrale Figur, da er die Entscheidung trifft, ob kommuniziert wird.	Der Mitarbeiter entscheidet sich bewusst für die Nutzung des Intranets.
3. Das Medium konkurriert mit Alternativen zu Bedürfnisbefriedigung.	Die Alternative sind in diesem Fall u. a. das persönliche Gespräch, E-Mails oder die bestehende Ordnerstruktur (physisch oder virtuell).

Tab. 1 Grundannahmen des Nutzen- und Belohnungsansatzes

Grundannahmen des Nutzen- und Belohnungsansatzes	Adaptiert an das Seichter Intranet
4. Der Rezipient ist fähig, seine Ziele und Bedürfnisse zu formulieren.	Die Mitarbeiter lesen und schreiben Beiträge, schlagen Themenbereiche vor oder lehnen sie ab.
5. Die Motive der Rezipienten werden in deren eigenen Kategorien ermittelt (sind also weder festzulegen oder vorzuschreiben) und spiegeln das subjektive Verständnis der Mediennutzung wieder.	Der Mitarbeiter entscheidet sich im Sinne seiner Motivation und eigener Kategorie, ob, wie und wann er das Intranet nutzt.

Tab. 1   Grundannahmen des Nutzen- und Belohnungsansatzes

Da der Nutzen- und Belohnungsansatz nicht als Theorie verstanden wird, gibt es diverse Weiterentwicklungen und Ergänzungen. Ein wichtiger Aspekt ist die Differenzierung in Motive und Belohnung, das sogenannte GS/GO-Modell. Hier wird die gesuchte Belohnung (gratifications sought) gegen die erhaltende Belohnung abgewogen (gratifications obtained) und aufgrund dieser Erkenntnisse eine Entscheidung über Zu- und Abwendung, sowie über die existenten Alternativen getroffen. Die Grundannahme ist, dass die Nutzer diejenigen Medien bevorzugt nutzen, die ihre Erwartungen (gesuchte Gratifikationen) soweit wie möglich erfüllen.

2.3.4   Medientheoriewahl und Konsequenzen für die weitere Vorgehensweise

Das Intranet lehnt sich an den Nutzen- und Belohnungsansatz an, da dieser Ansatz medienorientiert ist und der Fokus entsprechend auf das Medium [*hier: Intranet*] gelenkt wird. In dieser Arbeit wird der Fokus nicht auf die Verwertung von medialen Inhalten gelegt [*hier: Medienaneignungstheorie*], sondern auf das Medium, welches die Informationen vermittelt und das Zusammenspiel von Nutzer und Medium [*hier: Nutzen- und Belohnungsansatz*]. Ein weiteres Argument für diesen Ansatz ist die Vielschichtigkeit der Mitarbeiter, bezogen auf Bildung und soziale Bindung. Da diese Punkte wichtig für die Identitätsbildung in der Medienaneignungstheorie sind, wurde diese Theorie verworfen. Weiterhin wird die Wahrscheinlichkeit als sehr gering eingeschätzt, dass eine parasoziale Beziehung zwischen Medium und Rezipient entsteht.

Die Konsequenzen durch die Wahl des theoretischen Rahmens schlagen sich in der Auswahl und Formulierung der Fragen nieder:

- Das Publikum ist aktiv und möchte mit einbezogen werden und

- definiert seine eigenen Bedürfnisse und Ziele.

Da das Intranet mit der Alternative des persönlichen Gespräches konkurriert, müssen das Interesse geweckt sowie Nutzen und Belohnung aufgezeigt werden. Der Nutzen liegt darin, dass alle Mitarbeiter, egal ob Voll- oder Teilzeit, anwesend oder abwesend, über den gleichen Informationsstand verfügen. Da dieser Informationsstand innerhalb der Organisation öffentlich ist, wird ein Standard generiert und gehalten.

Die Fragen selbst sind der Übersichtlichkeit halber in verschiedene Themenbereiche (Allgemein, Struktur, Layout u. a.) strukturiert und sollen den Rezipienten (Nutzer) langsam an das Intranet und dessen Nutzen heranführen, um eine Alternative vorzustellen und aufzuzeigen. Weiterhin werden die Mitarbeiter aktiv mit einbezogen (bspw. mit der Bitte, Namen für das Intranet vorzuschlagen und kleinere Aufgaben zu erfüllen). Auch werden die Bedürfnisse und Ziele erfragt. Die Mitarbeiter ermitteln somit ihre eigenen Kategorien und bekommen das Intranet als funktionsfähige und nützliche Alternative zu anderen Kommunikationsmedien präsentiert.

Die Basis aller Fragen, Aufgaben und auch Themenbereiche besteht darin, eine Motivation für die Mitarbeiter zu schaffen und das Intranet schlussendlich an die Bedürfnisse anzupassen und Interesse zu wecken.

3 Evaluation

3.1 Grundlagen der Evaluation

3.1.1 Begriffsdefinition und Zielsetzung der Evaluation

„Im wissenschaftlichen Kontext – und darin unterscheidet sich Evaluation im Alltagshandeln – werden empirische Methoden zur Informationsgewinnung und systematische Verfahren zur Informationsbewertung anhand offen gelegter Kriterien verwendet, die eine intersubjektive Nachprüfbarkeit möglich machen." **[Stockmann: 1]**.

Evaluation meint „die systematische Untersuchung von Qualität oder Nutzen eines Gegenstands bzw. das Ergebnis einer solchen Untersuchung" (laut dem Joint committee on standards for educational evaluation [amerikanisch/kanadische Organisation]). Die Anwendungsbereiche von Evaluation sind vielseitig, bekannt ist bspw. die Evaluation aus Lehrveranstaltungen oder Seminaren in Form eines Fragebogens, häufig auch bekannt ist die Evaluation als Erfolgskontrolle, Wirkungsanalyse oder Qualitätssicherung, ebenfalls in Form von Fragebögen oder Interviews. Zusätzlich sind auch Usabilitymethoden denkbar, wie bspw. Eye Tracking [1].

Letztlich soll eine Evaluation Aufschluss über einen bestimmten Bereich geben und hat entsprechend zur Zielsetzung, eine Ist-Situation zu untersuchen, Schwächen aufzudecken, Transparenz zu schaffen und ggf. einen Fortschritt festzustellen. Laut **[Stockmann: 3]** können vier miteinander verbundene Ziele angestrebt werden:

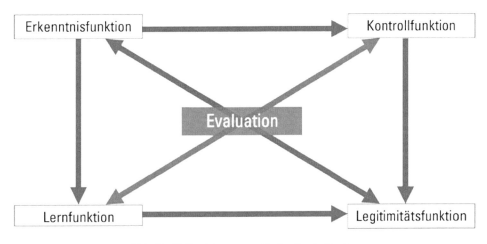

Abb. 10 Zielfunktionen von Evaluation lt. Stockmann

Es wird deutlich, dass die Evaluation Erkenntnisse liefert, Kontrollieren und Legitimieren soll sowie eine Lernfunktion darstellt. Eine Evaluation stellt also [im Idealfall] eine solide Datenbasis zur Verfügung, mit deren Hilfe festgestellt wird, „mit welchem Input, welcher Output und welche Wirkungen über die Zeit hinweg erzielt wurden" **[Stockmann: 4]**.

3.1.2 Arten der Evaluation

„In welcher Weise sollen die erforderlichen Daten erhoben werden (durch ein standardisiertes Interview oder durch eine offene Exploration, durch Selbsteinschätzungen oder Fremdeinschätzungen, durch mündliche oder schriftliche Befragung, durch Tests oder Fragebögen, durch offene oder verdeckte Beobachtung, durch Messgeräte oder andere technische Hilfsmittel)?" **[Bortz; Döring: XVII]**.

Laut Bortz und Döring ist die Operationalisierung der Evaluation von dem inhaltlichen Interesse abhängig **[Bortz; Döring: 3]**. In diesem Fall besteht das inhaltliche Interesse darin, Neugierde zu wecken. Die Antworten auf die Fragen sind nur zum Teil interessant und relevant. Generell gibt es viele Arten der Evaluation (Zählen, Urteilen, Testen, Befragen, Beobachten), hier werden allerdings nur die Arten vorgestellt, die für das Seichter Intranet relevant sind. Zum einem ist das der Fragebogen (Kombination der Evaluationsmethoden Testen, Befragen und teilweise Urteilen), zum anderen wäre das ein Experteninterview. Generell existiert m. E. nach keine reine Evaluationsmethode, sondern es fließen immer noch andere Evaluationsmethoden in die gewählte mit ein.

Im Folgenden sind hier Fragebogen sowie das Experteninterview kurz dargestellt, bzw. die relevanten Charakteristika:

- Fragebogen: ist kostengünstig, wird selbstständig bearbeitet, erfordert hohe Strukturierbarkeit, verzichtet auf Eingriff des Interviewers, unkontrollierte Erhebungssituation **[Bortz; Döring: 252]**. Fragebögen werden klassisch gedruckt verteilt oder mittlerweile auch online zur Verfügung gestellt.

- Experteninterview: ist eine Technik der Einzelbefragung, sehr viel zeit- und arbeitsaufwendiger als Fragebogenstudien, Eingriffe durch den Interviewer sind möglich und wünschenswert. Ausschlaggebend ist hier die Befragung von Experten zu einem vorgegebenen Bereich oder Thema **[Bortz; Döring: 315]**.

Als Evaluationsmethode wurde der Fragebogen gewählt, da bewusst auf einen Eingriff des Interviewers verzichtet wurde und der Fragebogen als solches günstig, gut und schnell umsetzbar ist. Weiterhin vorteilhaft ist die selbstständige Bearbeitung des Fragebogens, da dadurch die Nutzer nicht bevormundet werden und das Gefühl haben, frei agieren zu können. Die unkontrollierte Erhebungssituation wurde bewusst in Kauf genommen und wird entsprechend als vorteilhaft angesehen, der Rest des Unkontrollierbaren wurde in Kauf genommen. Experteninterviews wurden kurzzeitig angedacht, jedoch aufgrund des Zeitmangels und der fehlenden Experten verworfen. M. E. können Experteninterviews geführt werden, sobald sich das Intranet sowie entsprechende Experten gebildet und etabliert haben.

3.1.3 Theorie eines sinnvollen Fragebogens

Die theoretische Erstellung eines Fragebogens lehnt sich stark an kognitions-psychologische und kommunikative Grundlagen von Befragungen an. Bei der Umsetzung in die Praxis wurde darauf geachtet und eingegangen, dass „... befragte Personen mehrere Aufgaben zu lösen haben. Sie müssen

1. die gestellte Frage verstehen,

2. relevante Informationen zum Beantworten der Frage aus dem Gedächtnis abrufen,

3. auf der Basis dieser Informationen ein Urteil bilden,

4. dieses Urteil gegebenenfalls in ein Antwortformat einpassen und

5. ihr ‚privates' Urteil vor Weitergabe an den Interviewer bzw. den Fragebogen gegebenenfalls ‚editieren'." **[Porst: 16]**

„Die Fähigkeit, eine Frage direkt und ohne Nachdenken zu beantworten, ist [...] nicht der Normalfall. Normalerweise muss die befragte Person nämlich erst nach relevanten Informationen suchen, um eine angemessene Antwort auf eine Frage zu generieren. Dies macht sie dann zum Teil bewusst (sie überlegt), zum Teil aber auch unbewusst (es „kommt ihr in den Sinn")." **[Porst: 24]**. Die gewonnenen Erkenntnisse wurden in einer gewissen Strukturierung des Fragebogens umgesetzt sowie in einem einleitenden Text („Um unser Wissen zu bündeln und eine hilfsbereite Oberfläche zu schaffen, habe ich ein Intranet entwickelt. Damit dieses Intranet möglichst vielen von uns eine wirkliche Hilfe ist, möchte ich euch um eure Mithilfe bitten. So haben wir alle es in der Hand, ein gutes und nützliches Werkzeug für unseren Arbeitsalltag zu schaffen und unsere Arbeit evtl. zu erleichtern. Vielen Dank für eure Mithilfe!"), um die Motivation zu erklären.

Zu Beginn des Fragebogens steht die Einleitung: „Bitte starte das Intranet und mache dich kurz mit der Seite, deren Struktur und Navigation vertraut.", um den Mitarbeiter einzuführen. Das Bedürfnis/Streben nach der Suche der relevanten Informationen wird genutzt, um die Struktur des Intranets zu überprüfen. „Erinnern wir uns, dass Befragungspersonen davon ausgehen, dass eine Befragung Sinn macht und dass auch die einzelnen Fragen Sinn machen." **[Porst: 131]**. Um diesem Bedürfnis gerecht zu werden, ist der Fragebogen in verschiedene Themenblöcke aufgeteilt: *Oberflächenbeschaffung und Übersichtlichkeit*, *Struktur*, *Nutzung* und *Allgemeines*. Hinter dem Themenblock *Allgemeines* verstecken sich die heiklen Fragen (vgl. "Fragetypen nach Porst" auf Seite 38), aufgrunddessen befindet sich dieser Themenblock am Ende des Fragebogens.

Logischerweise benötigt eine Evaluation eine gewisse Vorbereitung und Abgrenzung. In den folgenden Abschnitten werden daher die Phasen, die Rollenverteilung einer Evaluation sowie die Fragetypen nach **[Pilorget]** dargestellt.

3.1.4 Phasen der Evaluation

Laut **[Pilorget: 80]** gibt es fünf Projektphasen zum Testen von Informationssystemen (zitiert sind lediglich die Projektphasen):

Projektphasen nach Pilorget	Adaptiert an das Seichter Intranet
1. Initiierungsphase	Eine Lösung wird ausgewählt und ein Projekt ins Leben gerufen *[hier: Intranet]*.
2. Konzeptphase	Die Anforderungen werden definiert und ein entsprechender Test geplant *[hier: Fragebogen]*. Hierzu gehören die Testorganisation, das Testsystem *[hier: Google Docs]* und die Qualitätsprüfung.
3. Realisierungsphase	Das System wird implementiert *[hier: technische Umsetzung der Intranets]* und mittels Tests auf seine Betriebsfähigkeit geprüft.
4. Einführungsphase	Die Vorbereitung *[hier: Onlineimplementierung]* wird abgeschlossen, die einzelnen Bereiche mit sensiblem Content gefüllt *[hier: lokaler Umzug des Intranets]* und anschließend mittels Abnahmetests *[hier: Evaluation durch die Mitarbeiter mithilfe eines Fragebogens]* evaluiert.
5. Stabilisierungs-/ Nutzungsphase	Es werden Korrekturen vorgenommen *[hier: Ergebnisse der Evaluation analysiert und zusammengetragen]* und das Intranet wird operativ in Betrieb genommen.

Tab. 2   Phasen der Evaluation nach Pilorget

Selbstverständlich sind diese Phasen nicht abschließend zu betrachten und m. E. nach ist es auch durchaus sinnvoll, die Phasen als Kreislauf zu betrachten. Weiterhin sind die Ausprägungen der Phasen, je nach Projekt, sehr unterschiedlich. Aufgrund der Firmengröße der Seichter GmbH wurde die Realisierungsphase teilweise von einem externen Dienstleister umgesetzt.

3.1.5 Rollenverteilung in der Evaluation

In einer Evaluation gibt es, wie in jedem Gefüge wo Menschen aufeinandertreffen, verschiedene Rollen, die besetzt werden [müssen]. Im Folgenden ist die Rollenverteilung nach **[Pilorget: 24]** aufgeführt, adaptiert an das Seichter Intranet (zitiert sind lediglich die Titel der Rollenverteilung):

Rollenverteilung nach Pilorget	Adaptiert an das Seichter Intranet
Test-Manager	• Ist für den Inhalt *[hier: Content des Fragebogens]* und die Projektdokumentation zuständig. • Ist für die Konfiguration und den Support des Testtools *[hier: Fragebogen]* zuständig. • Definiert zusammen mit dem Test-Verantwortlichen den Testplan. • Stellt die Testergebnisse zusammen und analysiert diese. • Ist für den benötigten Standard im Testwesen verantwortlich.
Test-Verantwortlicher	• Stellt sicher, dass der Test durchgeführt werden kann *[hier: Sicherstellen, dass der Link zum Fragebogen funktioniert]*. • Ist dafür zuständig, dass pro Tester ein Test durchgeführt wird *[hier: Kontrolle der quantitativen Testergebnisse]*. • Betreut die Tester bezüglich fachlicher Fragen und unterstützt ggf. bei dem Ausfüllen des Fragebogens. • Prüft die Qualität der erhaltenen Daten.
Tester	• Führt den Test *[hier: Fragebogen ausfüllen]* durch. • Schließt den Test ab.

Tab. 3   Rollenverteilung nach Pilorget

Diese Rollenverteilung ist m. E. generell sinnvoll. Pilorget ist allerdings in seinen Ausführungen von einem größeren Unternehmen ausgegangen (lt. Pilorget kann der Test-Verantwortliche auch gerne eine Gruppe von bis zu zehn Personen sein **[Pilorget: 24]**).

Am Beispiel der Seichter GmbH sind der Test-Manager und der Test-Verantwortliche eine Person (im weiteren Verlauf wird deswegen nur noch von dem Test-Verantwortlichen gesprochen, der die Aufgabenbereiche von Test-Manager und Test-Verantwortlichen auf sich vereint), die Tester sind alle übrigen Mitarbeiter.

3.1.6 Fragetypen nach Porst

Fragetypen nach Porst	Beispiele / Deutung
Quantifizierungen	• *„exakte Quantifizierung*: An wie vielen Tagen in der Woche trinken Sie normalerweise nach 18 Uhr noch Kaffee?"* [Porst: 115-116]* • *„vage Quantifizierung*: Wie häufig trinken Sie normalerweise nach 18 Uhr noch Kaffee – sehr häufig, eher häufig, eher selten oder nie?"* [Porst: 115-116]*
Einfluss der Vergleichsrichtung	• „Alles in allem: Glauben Sie, dass Ihre Wäsche mit „Extremweiß" weißer wird als mit „Ultraweiß"?" • „Alles in allem: Glauben Sie, dass Ihre Wäsche mit „Ultraweiß" weißer wird als mit „Extremweiß"?" „Die Erklärung dafür finden wir – wie so oft – in der Kognitionspsychologie. Dort erfahren wir, dass die Merkmale des ersten Vergleichsobjektes in das Gedächtnis aufgenommen werden und stärker präsent sind als die Merkmale des zweiten Objektes; darüber hinaus bestimmt das erste Vergleichsobjekt auch, welche Merkmale des zweiten Objekts überhaupt beim Vergleich berücksichtigt werden." [Porst: 120]

Tab. 4   Fragetypen nach Porst

Fragetypen nach Porst	Beispiele / Deutung
fiktive Fragen	„Mit schöner Regelmäßigkeit werden die Namen nicht-existenter, „fiktiver" PolitikerInnen in Itembatterien eingebaut [...]. [Bei einer Befragung] werden Sie – Sie wollen ja nicht zeigen, dass Sie eigentlich keine Ahnung haben – tendenziell eher bereit sein anzugeben, dass Sie – neben den anderen PolitikerInnen – auch [den nicht-existenten] kennen (und je höher Ihre formale Schulbildung ist, umso weniger werden Sie bereit sein, zuzugeben, dass Sie diesen berühmten, aber Ihnen eigentlich nicht vertrauten [Politiker] nicht kennen). [...] Aus der Sicht des Fragebogen-entwicklers am interessantesten aber ist, dass man dieses Ergebnis schon fast mit an Sicherheit grenzender Wahrscheinlichkeit prognostizieren (und damit natürlich auch: provozieren) kann." **[Porst: 122-124]**
heikle Fragen	„eine beliebige Frage [wird] dann „heikel", wenn sie bei der Befragungsperson Angst erzeugt, und sie tut es dann, wenn der Befragungsperson aufgrund verinnerlichter sozialer Normen bewusst wird, dass die Frage nicht geeignet ist für eine „normale" kommunikative Situation und/oder eine bestimmte Antwort auf eine Frage eine Verletzung bestehender sozialer Normen darstellt und ganz allgemein mit der Erwartung negativer Sanktionierung verbunden ist." **[Porst: 125]**

Tab. 4   Fragetypen nach Porst

Anhand dieser Fragtypen wurden die Fragen für den Fragebogen entwickelt. Der Großteil der Fragen ist exakt quantifiziert und qualifiziert, auf die meisten anderen Fragetypen (fiktive und/ oder vergleichende Fragen) wurde bewusst verzichtet. M. E. nach ist der Bereich der heiklen Frage der Themenbereich Nutzung. Dieser ist absichtlich am Ende des Fragebogens platziert, denn falls diese Fragen zu einem Widerstand oder Abbruch des Fragebogens führen, ist der Großteil des Frage-bogens ausgefüllt **[Porst: 129]**.

Weiterhin wurden Antworten, die mithilfe einer Skala beantwortet werden, nicht erstellt, da die Nutzer bewusst klare und deutliche Aussagen treffen sollen (Beispiel aus dem Fragebogen: Ist die Schriftgröße für dich lesbar? Antwortmöglichkeit zum Ankreuzen: ja, nein).

Da der Nutzer nicht übereilt seine Antworten in Skalen unterbringen kann und der Nutzer den Fragebogen quasi anonym ausfüllt (online, entsprechend keine Möglichkeit, die Handschrift zu erkennen), wird die Bearbeitungsdauer, die der Fragebogen für sich einnimmt, erhöht. Insgesamt wird die Bearbeitungszeit mit 30 Minuten definiert. Diese Angabe ist wichtig, damit der Mitarbeiter den Umfang einschätzen und das Ausfüllen des Fragebogens in seinen Arbeitsalltag integrieren kann.

3.1.7   Ergebnisse der Theorie der Evaluation für den Einsatz bei der Seichter GmbH

Nachdem die Evaluation definiert und abgegrenzt wurde, lassen sich folgende Ergebnisse zusammenfassen:

- Die Evaluation wird aufgrund der Firmengröße und der Usability als Fragebogen umgesetzt.

- Der Content des Fragebogens wird von dem Test-Verantwortlichen unter Zuhilfenahme der Mitarbeitermotivation (siehe "Motivation für die virtuelle Kaffee-Ecke" auf Seite 1) und anhand wissenschaftlich fundierter Erkenntnissen der Frage-bogenerstellung (siehe "Theo-rie eines sinnvollen Fragebogens" auf Seite 35) erstellt.

3.2   Praktische Umsetzung des Fragebogens

In dem Fragebogen wurden die Mitarbeiter geduzt, da dies der Firmenphilosophie entspricht. Praktisch umgesetzt wurde der Fragebogen als Onlineformular mithilfe von Google Docs. Dieses Tool wurde gewählt, da die Benutzeroberfläche beim Erstellen sehr bedienerfreundlich ist und die Darstellung des formulierten Fragebogens übersichtlich ist. Ein weiterer Grund ist in der intuitiven Gestaltung des Fragebogens sowie in dem geringen Zeitaufwand für die Frage-bogenerstellung zu finden. Obendrein wird der Fragebogen online ausgefüllt und die daraus resultierenden Antworten werden automatisch in einer Tabelle inkl. Zeitstempel gesammelt und zusammengetragen.

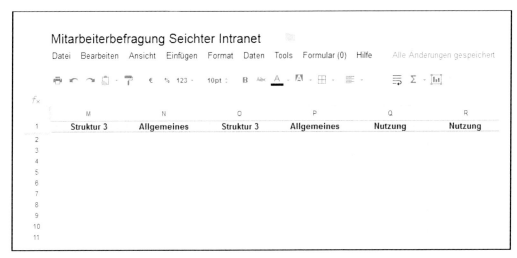

Abb. 11   Nicht ausgefüllte Tabellenoberfläche von Google Docs (Stand: 06.06.2012)

Da die Daten dann in einem Tabellenformat vorliegen, können die Ergebnisse übersichtlich visuell dargestellt werden, bspw. in diversen Diagrammen. Ferner gibt die Tabelle Aufschluss darüber, wie viele Nutzer den Fragebogen wann ausgefüllt haben. Daraus lässt sich dann wieder der Schluss ziehen, in welchem Zeitraum nach der offiziellen Vorstellung (siehe "Vorstellung für die Beteiligten" auf Seite 44) die Nutzer den Fragebogen ausgefüllt haben und entsprechend das Interesse und die Motivation ableiten. Zusammenfassend gewährleistet dieses Tool vorteilhafte Funktionalitäten, Übersichtlichkeit und Bedienerfreundlichkeit auf allen Seiten. Der Übersichtlichkeit wegen wird im weiteren Dokumentenverlauf **[Fragebogen]** verwendet, um anzuzeigen, dass es sich um den erstellten und auszufüllenden Fragebogen handelt.

3.2.1   Gliederung des Fragebogens und Erläuterung der Fragen

Der Fragebogen wurde nach Porst grob in drei Teilbereiche gegliedert (vgl. "Fragebogen" auf Seite 86). Die beiden B-Fragen zu Beginn sind hier irrelevant:

1.   Oberflächenbeschaffung und Übersichtlichkeit O

2.   Struktur und Verständlichkeit S

3.   Allgemeines und Nutzungsverhalten A

Die unterschiedlichen Frageblöcke sind innerhalb der Teilbereiche (O, S, A) mit Seitenumbrüchen unterteilt. So ist der Nutzer nicht überfordert mit zu viel Text und zu wenig Weißraum. Zugleich wird das Gestaltgesetz der Nähe angewandt, da bspw. die Fragen S-1 bis S-3 auf einer Seite erscheinen, welche auch inhaltlich zusammengehören. So wird dem Nutzer eine übersichtliche und strukturierte Oberfläche des Fragebogens angeboten. Zur weiteren Orientierung dient der jeweilige Titel des Frageblocks, z. B. *Zu Beginn (1/1)*. Durch diese Maßnahme weiß der Nutzer, wie er die folgenden Fragen thematisch eingruppieren kann, und sieht zusätzlich, wie viele Blöcke zu diesem Themenbereich auszufüllen sind.

Die erste Hürde ist das Ausfüllen des Fragebogens selbst. Das Ausfüllen wird zwar von der Geschäftsleitung gefördert und unterstützt, jedoch absichtlich nicht angewiesen. Entsprechend sollte hier schon die Neugierde geweckt werden und die Motivation von innen heraus kommen (vgl. *intrinsische Motivation*, "Motivation der Intranetnutzung" auf Seite 24). Aufgrund dessen wird der Nutzer zu Beginn direkt angesprochen und auf die Vorteile des Intranets hingewiesen. Weiterhin wird auf die voraussichtliche Zeitspanne aufmerksam gemacht, damit der Fragebogen in den Arbeitsalltag eingepasst werden kann. Zudem wird dem Nutzer schon zu Beginn für seine Mithilfe gedankt.

Abb. 12   Start des Fragebogens (Stand 14.06.2012)

Im gesamten Fragebogen kommt die Grundannahme 2 des Nutzen- und Belohnungsansatzes zum Tragen: *Der Rezipient ist die zentrale Figur, da er die Entscheidung trifft, ob kommuniziert wird.* Sobald der Nutzer den Fragebogen aus freien Stücken ausfüllt, hat der Nutzer zwei grundlegende Entscheidungen getroffen: der Nutzer kommuniziert gewollt und aktiv und die intrinsische Motivation ist geweckt.

Die beiden B-Fragen zu Beginn nach Arbeitsort und Alter dienen statistischen Zwecken, um ggf. Schlüsse zwischen Alter und Einstellung bzw. zwischen Arbeitsbereich und Einstellung ziehen zu können. Diese beiden Fragen sollen tatsächlich nur das herausfinden, was sie fragen. Weiterhin kann mit diesen Fragen überprüft werden, dass niemand den Fragebogen zweimal ausfüllt oder sich falsch einordnet.

Im ersten Teil (*Oberflächenbeschaffung und Übersichtlichkeit*) befinden sich die Fragen, die den Einstieg erleichtern sollen. Diese sind weder heikel noch bewertbar, da relativ neutrale Aussagen getroffen werden („Schau dir die Oberfläche der Startseite an und notiere fünf Begriffe, die dir im ersten Moment zu der Oberfläche einfallen." und „Ist die Schriftgröße für dich lesbar?" [Fragebogen]). Die Einleitung umfasst insgesamt vier Fragen und befriedigt zum großen Teil die Grundannahme 1, da der Nutzer hier seine Erwartungen definiert und aktiv in das Medium [*hier: Intranet*] eingreift. Letztlich ist jedoch der Informationsgehalt dieses Bereiches relativ gering, da mit diesen Fragen lediglich der Einstieg und der Zugang erleichtert werden sollen. Die Antwortmöglichkeiten starten absichtlich mit Freitext und gehen weiter mit größtenteils vordefinierten Antworten.

Im zweiten Teil (*Struktur und Verständlichkeit*) werden die Befindlichkeiten bzgl. Struktur und Verständlichkeit abgefragt. Hier ist ein kleiner Usability-Test eingebaut, um zu ergründen, ob die Struktur des Intranets so offensichtlich und intuitiv bedienbar ist, wie es gewünscht und notwendig ist (vgl. "Grundlagen Usability" auf Seite 25). Außerdem soll mit diesem Teil die Neugierde der Nutzer geweckt werden und der Nutzer soll auf die Möglichkeiten und Themenbereiche aufmerksam werden, die das Intranet bietet. Die Bibliothek im Intranet wurde bspw. relativ spät eingefügt. Um diese bekannt zu machen, wurde der Frageteil *Struktur (3/4)* eingesetzt. Für die Neugierde und die Nutzermotivation wurde außerdem der Mitarbeiter-bereich eingeführt. Dieser bietet kaum geschäftlichen Mehrwert, jedoch einen hohen Anteil und ein hohes Maß an Interessenbefriedigung, z. B. durch die Vorstellung der Mitarbeiter oder der Werksstandorte der Kunden (*Städteatlas*). Mit und durch diese Punkte soll die intrinsische Motivation geweckt und gefördert werden.

Weiterhin werden in diesem Bereich die ersten Grundannahmen des Nutzen- und Belohnungsansatzes befriedigt ("Grundannahme 1 - *Das Publikum ist aktiv und stellt Erwartungen an das Medium*") werden. Ferner tritt das Intranet in diesem Teil in eine theoretische und vergleichende Konkurrenz zu anderen Medien ("Grundannahme 3 - *Das Medium konkurriert mit Alternativen zu Bedürfnisbefriedigung*"). Der Informationsgehalt in diesem Bereich ist zwar höher als im ersten Bereich, jedoch auch beschränkt. Interessant sind hier definitiv die Ergebnisse des Usability-Tests, um das Intranet an die Bedürfnisse der Nutzer anzupassen. Aufgrund des Usability-Tests sind die Antwortmöglichkeiten klar ein- und abgegrenzt, damit eine möglichst genaue Aussage über die Benutz- und Bedienbarkeit des Intranets getroffen werden kann. Weiterhin werden die Ziele der Usability (vgl. "Ziele von Usability nach DIN EN ISO 9241-110" auf Seite 25), so weit ein- und umsetzbar, abgefragt. Zusammenfassend besteht die berechtigte Hoffnung, dass der Nutzer durch die Usabiltiy-Fragen neugierig geworden ist und auch nach dem Ausfüllen des Fragebogens sich weiter auf der Intranetseite bewegt, um diese besser kennenzulernen.

Die Antwortmöglichkeiten (Freitext und Ankreuzen) im dritten Teil (*Allgemeines und Nutzungsverhalten*) sind absichtlich gemischt, da hier die heiklen Fragen mit eingebaut sind. In diesem Teil werden alle Grundannahmen des Nutzen- und Belohnungsansatzes abgefragt und hoffentlich befriedigt (vgl. "Vorstellung Nutzen- und Belohnungsansatz" auf Seite 29). Hier soll der Nutzer seine eigenen Gedanken, Wünsche und Forderungen formulieren, soll selbst entscheiden, welche Themenbereiche für ihn interessant sind und welche überflüssig. Weiter-hin wird die Bereitschaft der aktiven Mitarbeit abgefragt und es kann der erste direkte Eingriff vorgenommen werden (durch die Vorschläge für den Namen des Intranets). Auch ist hier der Informationsgehalt am höchsten, da die Antwortmöglichkeiten kaum eingeschränkt werden.

Die Ziele des Fragebogens bestehen also nicht nur in den Antworten der Fragen, sondern vielmehr darin, Interesse und Neugierde zu wecken. Durch die S-Fragen wird zudem aufgezeigt, welche Themenbereiche möglich und auch schon vorhanden sind und dass das Themenspektrum weit gefächert ist (z. B. durch die Inhalte der Bibliothek. In der Bibliothek ist als Versuch *Max und Moritz* von Wilhelm Busch eingestellt. Da die Seichter GmbH oft Besuch von den Kindern der Mitarbeiter bekommt und die Firma generell sehr kinderfreundlich ist, ist damit eine Möglichkeit gegeben, die Kinder die lesen können, zu beschäftigen, während die Eltern arbeiten.).

3.2.2 Vorstellung für die Beteiligten

Um eine persönliche Beziehung zwischen Intranet, Projektverantwortlicher und dem Fragebogen herzustellen, wurden die Oberflächen von Intranet und Fragebogen kurz vorgestellt. Der Link zu dem Onlinefragebogen wurde in einem Rundmailing sowie auf der Startseite des Intranets veröffentlicht, zusammen mit einem festgelegten Zeitraum (sieben Werktage), in dem der Fragebogen ausgefüllt werden kann. Zudem wurde durchgehend Gesprächsbereitschaft suggeriert, entsprechend wurde die Projektverantwortliche häufig von den Mitarbeitern auf Verbesserungen hingewiesen. Es wurde darum gebeten, die Verbesserungsvorschläge in dem Fragebogen zu erläutern, damit eine Historie des Intranets nachzuvollziehen ist.

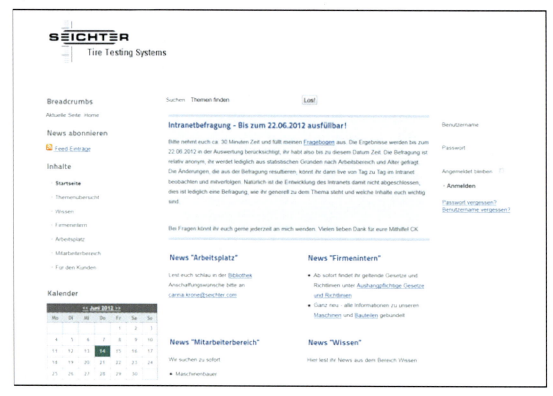

Abb. 13 Ankündigung des Fragebogens im Intranet (Stand 14.06.2012)

4 Ergebnisanalyse

4.1 Allgemeines, Aussagekraft und Beteiligung

Die Grundgesamtheit beläuft sich auf 26 Mitarbeiter (die Projektverantwortliche hat den Fragebogen nicht mit ausgefüllt). Für den Fragebogen ist es irrelevant, ob es sich um Voll- oder Teilzeitmitarbeiter handelt. Die Grundgesamtheit teilt sich auf elf Mitarbeiter in der Fertigung und 15 Mitarbeiter in der Verwaltung auf.

Der Zeitraum, der zum Ausfüllen angesetzt wurde, betrug neun Werktage. Der Zeitraum wurde verlängert (von sieben auf neun Werktage), da es sich generell um eine sehr kleine Grundgesamtheit handelt und durch einen einwöchigen Kundenbesuch, sowie Serviceeinsätze und Urlaub einige Mitarbeiter inkl. Geschäftsführung verhindert waren. Durch die Verlängerung wurde so zumindest die Option eingeräumt, dass alle Kollegen die Möglichkeit haben, den Fragebogen ausfüllen zu können.

Insgesamt haben 14 Mitarbeiter der Seichter GmbH (also knapp über die Hälfte der Arbeitnehmer) den Fragebogen bearbeitet und ausgefüllt, d. h. dass 54,55 % der Mitarbeiter aus der Fertigung und 53,33 % der Mitarbeiter aus der Verwaltung den Fragebogen ausgefüllt haben. Die Teilnehmerquote aus der Fertigung liegt also geringfügig höher als die Teilnehmerquote der Verwaltung.

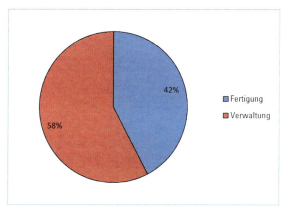

Abb. 14   Teilnehmer am Fragebogen (aufgeteilt nach Fertigung und Verwaltung)

Da insgesamt 53,85 % der Mitarbeiter teilgenommen haben und die Verteilung auf Fertigung und Verwaltung relativ ausbalanciert ist, werden die Ergebnisse des Fragebogens als repräsentativ angesehen und als solche behandelt.

4.2 Probleme bei dem Ausfüllen des Fragebogens

Die ersten zwei Fragen im Fragebogen (Arbeitsbereich und Alter) dienen zur Abgrenzung und um statistische Aussagen treffen zu können, riefen jedoch teilweise auch Probleme hervor. Schon während des Ausfüllens wurden einige Probleme deutlich, die entsprechend die Aussagekraft bestimmter Teilbereiche reduzierten. Das erste Problem wurde bereits bei der ersten Frage deutlich: Viele Kollegen meldeten sich sofort an, bzw. wurden sofort angemeldet (aktivierte Cookies im Browser) und sahen den Beitrag zur Befragung inkl. Link zum Fragebogen nicht. Dieser war auf *Gesperrt* gesetzt, um farblich aufzufallen. Durch den Status *Gesperrt* war der Beitrag jedoch nicht sichtbar für angemeldete Nutzer. In der zeitlichen Verlängerung wurde der Status des Beitrages auf *Public* geändert, so war der Beitrag permanent für alle Nutzer sichtbar.

Ein weiteres Problem bestand in der eigenen Eingruppierung der ersten Frage. Einige Mitarbeiter sehen sich in beiden Bereichen oder würden sich in einen anderen Bereich einordnen, als sie theoretisch im Vorfeld eingeordnet worden sind. Durch die illusorische Anonymität (illusorisch, weil durch die eigene Eingruppierung und durch das Alter relativ deutlich ist, welcher Mitarbeiter hinter welchem Fragebogen steht) können jedoch die Antworten den Gruppen gemäß neu zugeordnet werden. Die künftigen beiden Gruppen heißen nun Fertigung und Verwaltung, wobei die Gruppe Verwaltung Entwicklung, Administration, Vertrieb und Einkauf mit einschließt.

Ein weiteres Problem bestand in der Zählart der Klicks (vgl. bspw. die Fragen S-1 und S-4). Einige Kollegen gaben zu Protokoll, dass sie jeden Buchstaben als Klick angesehen und folglich anders gezählt haben als angedacht. Demzufolge sind die Ergebnisse dieser Fragen vorsichtig zu betrachten, da man die Eingabe der Buchstaben nicht mit der Anzahl der Klicks vergleichen kann.

Einige Kollegen haben bei Fragen, die sie nicht beantworten konnten oder wollten, Punkte oder Fragezeichen eingetragen, um den Fragebogen weiter ausfüllen zu können. Daraus lässt sich das Interesse der Mitarbeiter ableiten, sich generell mit dem Intranet zu beschäftigen, aber auch, dass die Kollegen gewisse Fragen als zu zeitaufwendig ansehen.

4.3 Darstellung und Erläuterung der gesamten Ergebnisse

Wie schon erwähnt und erläutert, bieten die Fragen und deren Ergebnisse unterschiedliche Möglichkeiten der Interpretation. Einige Antworten sind miteinander verknüpfbar (vgl. Struktur-Fragen), da die Fragen immer auf die Navigationshilfe zielen. Weiterhin kann der Strukturbereich auch mit richtig oder falsch belegt werden (vgl. S-7 und S-11), da die Usability relevant ist und es zu untersuchen gilt, ob der Intranetauftritt die Grundsätze der Usability (vgl. "Begriffsdefinition Usability" auf Seite 25 und "Ziele von Usability nach DIN EN ISO 9241-110" auf Seite 25) erfüllt und die Nutzer unterstützt. Die Verknüpfungen sind in den jeweiligen Bereichen erwähnt und zusätzlich im Anhang ersichtlich.

Da absichtlich und bewusst alle Fragen als Pflichtfelder deklariert wurden, ist auch der Umstand nicht zu vergessen oder übersehen, dass manche Fragen nicht beantwortet wurden. Die Gründe wurden in einem persönlichem Gespräch kurz erläutert (aufgrund der Inbetriebnahme war die Zeit knapp und der Nutzer hat sich auf die Freitextfragen konzentriert). Aufgrund dessen fließen diese Aussagen zwar mit in die Auswertung ein, werden aber nachsichtig behandelt.

Diejenigen, die den Fragebogen nicht ausgefüllt haben, werden aus den Betrachtungen auf den nächsten Seiten herausgehalten und tauchen erst wieder im Fazit auf (vgl. "Zusammenfassung, Fazit und persönliche Einschätzung" auf Seite 71). Der Grund für das Desinteresse lässt sich größtenteils in zwei verschiedene Bereiche aufteilen: keine Zeit und/oder Desinteresse. Insgesamt wurde zweimal per E-Mail und mündlich auf den Fragebogen hingewiesen, sowie der Zeitraum des Ausfüllens verlängert. M. E. lässt sich der Grund des Nicht-Ausfüllens auf Desinteresse reduzieren, da auch Mitarbeiter, die im zeitlichen Stress waren, den Fragebogen ausgefüllt und sich die Zeit dafür genommen haben.

4.4   Zu Beginn

(vgl. "Fragenblock Zu Beginn" auf Seite 86)
Die beiden Fragen dieses Fragebereiches dienen statistischen Zwecken. Im Folgenden ist die Gesamtpersonalverteilung Fertigung und Verwaltung dargestellt.

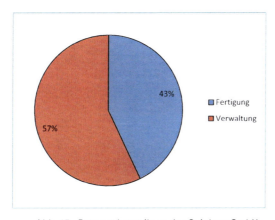

Abb. 15   Personalverteilung der Seichter GmbH

Das Durchschnittsalter gesamt bei der Seichter GmbH beträgt 45,64 Jahre, das durchschnittliche Alter liegt in der Fertigung bei 41,63 Jahren und in der Verwaltung bei 45,73 Jahren (Stand 27.06.2012). Der Gesamt-Mittelwert des Alters derer, die den Fragebogen ausgefüllt haben, beträgt 43,23 Jahre, davon entfallen 35,17 Jahre auf das durchschnittliche Alter in der Fertigung. Das Durchschnittsalter in der Verwaltung derer, die den Fragebogen ausgefüllt haben, liegt bei 43,88 Jahre.

	Durchschnittsalter der Mitarbeiter	Durchschnittsalter d. Teilnehmer des Fragebogens	Differenz
Gesamt	45,64 Jahre	43,23 Jahre	-5,28 %
Fertigung	41,63 Jahre	35,17 Jahre	-15,52 %
Verwaltung	45,73 Jahre	43,88 Jahre	-4,05 %

Tab. 5   Ergebnisse B-1 und B-2

Ausgehend von dem Fragebogen lässt sich aus den Ergebnissen ableiten, dass sich eher jüngere Mitarbeiter mit dem Intranet und entsprechend neuen Wegen des Informationsmanagements beschäftigen bzw. dafür offen sind. Weiterführend kann aus diesem Wert zumindest ein rudimentäres Interesse für internes Wissensmanagement abgeleitet werden. Allerdings bestätigt diese Erkenntnis nur herrschende Annahmen, dass jüngere Menschen eher aufgeschlossen gegenüber neuen Wegen der Informationsverwertung und -aneignung sind. Zudem kann man auch die Aussage aufstellen, dass die Mitarbeiter aus der Fertigung ein erhöhtes Interesse an einer zentralen Wissensplattform haben.

4.5   Oberflächenbeschaffung und Übersichtlichkeit

(vgl. "Fragenblock Oberflächenbeschaffung und Übersichtlichkeit" auf Seite 86)

4.5.1   Ergebnis O-1: Oberfläche der Startseite

Die Begriffe, die laut O-1 die Oberfläche der Startseite beschreiben, sind vielfältig. Auffällig ist, dass die Oberfläche sehr unterschiedlich wahrgenommen wird. Es äußerten sich vier Teilnehmer negativ, vier positiv und sieben neutral. Überschneidungen, bzw. positive und negative Bewertung in einem Satz werden als neutral gewertet.

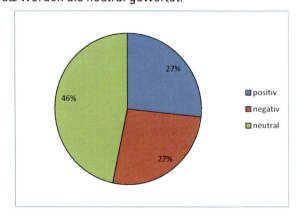

Abb. 16   Ergebnis O-1: Wahrnehmung der Oberfläche der Startseite

Differenziert man die Ergebnisse noch nach Fertigung und Verwaltung, ergibt sich folgendes Bild:

	Neutrale Bewertung	Negative Bewertung	Positive Bewertung
Gesamt	6	4	4
Fertigung	3	1	2
Verwaltung	3	3	2

Tab. 6   Ergebnis O-1 (differenziert nach Fertigung und Verwaltung)

Die Aussagen lassen sich vielfältig interpretieren. Die Anteile der neutralen Bewertung sind in beiden Bereichen, irrelevant ob Fertigung oder Verwaltung, am höchsten. Bei der Fertigung lässt sich aus den Ergebnissen schließen, dass den Mitarbeitern die Oberfläche eher unwichtig ist, bzw. die Mitarbeiter der Oberfläche neutral gegenüberstehen. In der Verwaltung ist die Meinung zu der Oberfläche sehr ausgewogen, es scheint keine wirkliche Meinung zu der Oberfläche zu existieren. Die Ausprägungen von neutral, negativ und positiv sind als gleich anzusehen.

Die am häufigsten verwendeten Begriffe sind insgesamt (zitiert aus Fragebogen): übersichtlich, kurz, knackig, langweilig, keine Fotos, Brotkrumen, blass und übersichtlich. Die Nennung der Menüpunkte wurde bei dieser Aufführung außen vor gelassen.

Generell scheint das Bedürfnis zu existieren, auf der Startseite „Schlagzeilen" und „Aufhänger-Artikel" zu sehen, um auf einen Blick informiert zu sein. Dieser Wunsch wurde schon sehr früh im Fragebogen definiert. M. E. nach würden Schlagzeilen pro Woche einen guten Überblick verschaffen, vor allem für die Mitarbeiter, die an den täglichen Besprechungen nicht anwesend sind.

4.5.2   Ergebnis O-2: Ähnlichkeit mit anderen Internetseiten

Die Frage, ob die Startseite des Intranets an andere, bekannte Internetseiten erinnert, wurde nicht eindeutig geklärt, da sieben Mitarbeiter mit Nein und sieben mit Ja antworteten. Selbst die Differenzierung nach Verwaltung und Fertigung liefert keine anderen Ergebnisse, da selbst innerhalb Fertigung und Verwaltung jeweils 50 % mit ja und 50 % mit Nein geantwortet haben.

4.5.3   Ergebnis O-3: Lesbarkeit der Schriftgröße

Die Frage nach der Lesbarkeit der Schriftgröße wird ganz klar mit „Ja" beantwortet. Die Schriftgröße wurde also intuitiv richtig gewählt und bedarf keinerlei Änderung. Eine Individualisierbarkeit nach den Usabilitygrundsätzen (vgl. "Ziele von Usability nach DIN EN ISO 9241-110" auf Seite 25) ist also diesbezüglich nicht notwendig.

4.5.4 Ergebnis O-4: Übersichtlichkeit der Startseite

Als Abschluss wurde in dem Themenbereich „Oberflächenbeschaffung und Übersichtlichkeit" die Übersichtlichkeit der Startseite abgefragt.

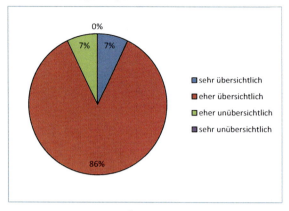

Abb. 17   Ergebnis O-4: Übersichtlichkeit der Startseite

Wie aus dem Diagramm ersichtlich ist, empfinden 87,5 % der Befragten die Start-seite als übersichtlich, eher unübersichtlich empfand die Startseite eine Person und als sehr unübersichtlich niemand. Verbindet man dieses Ergebnis mit den anderen Ergebnissen des Frageblocks O, kann man ableiten, dass die Oberfläche zwar als übersichtlich und lesbar angesehen und empfunden wird, aber im Großen und Ganzen durchaus Verbesserungs-potenzial birgt.

4.5.5 Zusammenfassung der Ergebnisse – Oberflächenbeschaffung und Übersichtlichkeit

Insgesamt ist der Themenbereich „Oberflächenbeschaffung und Übersichtlichkeit" als positiv zu bewerten. Legt man die Ergebnisse des Global Intranet Reports zugrunde, wird in diesem Themenbereich der erste Trend thematisiert (flache und übersichtliche Darstellung, vgl. "Global Intranet Trend Report" auf Seite 20) und ist als erfolgreich umgesetzt zu werten. Die Ziele der Usability werden in diesem Themen-bereich noch nicht bearbeitet, allerdings wird auch in diese Richtung eine positive Tendenz erwartet. Die Grundannahmen des Nutzen- und Belohnungs-ansatzes hingegen werden in diesem Bereich schon fast vollständig umgesetzt: Die Nutzer stellen Erwartungen an die Oberfläche und Übersichtlichkeit und entscheiden sich dadurch bewusst für das Medium Intranet. Weiterhin formuliert der Nutzer zumindest seine Bedürfnisse (Schlagzeilen, langweilig). Entsprechend ist auch die Umsetzung des Nutzen- und Belohnungs-ansatzes als erfolgreich anzusehen.

4.6 Struktur

vgl. "Fragenblock Struktur" auf Seite 86

In dem Themenbereich Struktur ist der Großteil der Ergebnisse kombiniert ausgewertet, da sich dieser Bereich größtenteils als Usability-Test präsentiert. Ausnahmen bilden S-13 und S-14, deren Antworten bewusst bewertend gewählt worden sind. Diese beiden Fragen bilden einen etwas leichteren Übergang zu den heiklen Fragen in „Allgemeines zur Nutzung".

4.6.1 Kombinierte Ergebnisse aus S-1, S-4, S-7, S-8, S-11 und S-12: Erfolg der Suche

Wie bereits in dem Abschnitt "Probleme bei dem Ausfüllen des Fragebogens" auf Seite 46 erläutert, sind die Ergebnisse dieses Bereichs mit hoher Wahrscheinlichkeit verfälscht. Aufgrund der Wertestreuung (Werteingaben von 0-16) sind bei den Antworten S-4, S-7, S-8 und S-12 nur die Antworten mit Werten von zwei bis fünf Klicks zulässig, die restlichen Werte werden als „keine Angabe" angezeigt.

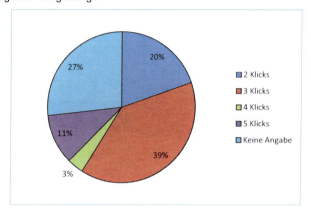

Abb. 18   Kombinierte Ergebnisse aus S-1, S-4, S-7, S-8 und S-12: Erfolg der Suche

Trotz der großen Messwertstreuung ist sichtbar, dass der Großteil den Usability-Test bestanden hat, da die richtige Antwort zwei Klicks bzw. drei Klicks lautet. Laut Aussagen der Teilnehmer haben sich die hohen Klickzahlen ergeben, weil jeder Buchstabe zzgl. der Betätigung der Enter-Taste und des Klicks auf „Suche". Hier muss jedoch nachgefragt werden, wie sich die gut 25 % zusammensetzen und ob sich dieser hohe Wert tatsächlich aus der missverständlichen Frageformulierung heraus gebildet hat oder ob andere Gründe vorlagen.

Bei der Frage S-11 wurde nach dem ersten Treffer gefragt, wenn das Wort „Kleid" oder „Bekleidung" in das Suche-Feld eingegeben wird. Diese Doppelnennung wurde bewusst vorgenommen, um auch anzuzeigen, dass nicht der vollständige Begriff (Bekleidung) notwendigerweise einzugeben ist, sondern auch nur Wortteile gesucht werden können. Die richtige Antwort war hier das Buch „Sicher auftreten im technischen Vertrieb" von Dirk Preussners.

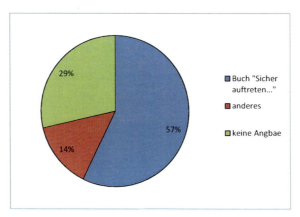

Abb. 19 Ergebnisse aus S-11: Treffer bei „Kleid" oder „Bekleidung"

Wie aus dem Diagramm ersichtlich ist, haben über 50 % der Befragten die richtige Antwort gegeben. Keine Angabe lieferten knapp 29 % der Nutzer. Wie bereits erwähnt, wurden jedoch auch aus Zeitgründen nicht immer alle Fragen beantwortet. Auch hier sollte nachgefasst werden, ob der Grund für keinen Treffer im Zeitmangel zu suchen ist oder eine andere Ursache hat.

4.6.2   Kombinierte Ergebnisse aus S-2, S-5 und S-9: Art und Weise zu suchen

Die Ergebnisse aus S-2, S-5 und S-9 wurden kombiniert, da sich alle drei Fragen mit der Art und Weise beschäftigen, wie der Einzelne sucht. Da die Möglichkeit der Mehrfachauswahl gegeben war, wird jedes Häkchen gezählt.

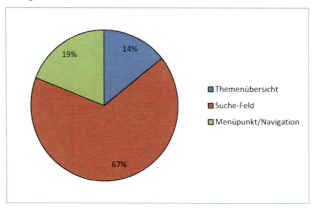

Abb. 20 Ergebnisse aus S-2, S-5 und S-9: Art und Weise zu suchen -Gesamt-

Es ist klar ersichtlich, dass das Suche-Feld sich großer Beliebtheit erfreut und mit fast 75 % der klare Favorit ist, um die gewünschte Information zu finden. Ebenso deutlich sticht hervor, dass die Themenübersicht einen sehr geringen Anteil stellt. Um die Verteilung, bzw. Veränderung in den Suchgewohnheiten darzustellen, sind die Ergebnisse von S-2, S-5 und S-9 noch einmal in einem Balkendiagramm dargestellt.

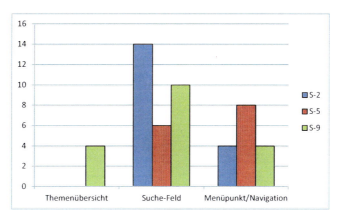

Abb. 21   Einzelergebnisse aus S 2, S 5 und S 9

M. E. zeigt auch diese Aufstellung, dass das Suche-Feld die erste Wahl ist, um gewünschte Informationen zu finden. Die Funktion ist mit hoher Wahrscheinlichkeit aus dem Internet und den entsprechenden Internetseiten bekannt. Auch wird sehr deutlich, dass die Themenübersicht erst bei der dritten Frage dieses Themenblocks als mögliche Alternative wahrgenommen wird, aber auch nur von vier Personen. Die Gesamttabelle der Auswertung zeigt an, dass die Nutzer teilweise auch mehrere Arten der Suche genutzt und ausprobiert haben.

Da der Themenbereich Struktur m. E. sehr wichtig ist, sind die Ergebnisse zusätzlich noch zwischen Verwaltung und Fertigung aufgeführt.

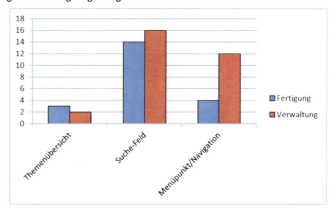

Abb. 22   Ergebnis S-2, S-5 und S-9: Verwaltung und Fertigung

Die Unterschiede in der Art und Weise, wie die Suche genutzt wird, sind deutlich: Die Verwaltung räumt der Menünavigation eine größere Chance ein. Der Vergleich zwischen Fertigung und Verwaltung zum Bereich Themenübersicht fällt ähnlich aus, allerdings gegenläufig. Zusammenfassend lässt sich feststellen, dass sich das Suche-Feld der größten Beliebtheit erfreut. Die anderen beiden Möglichkeiten, Informationen zu finden, stellen sich unterschiedlich je nach Einsatzort (Verwaltung oder Fertigung) dar.

4.6.3 Kombinierte Ergebnisse aus S-3, S-6 und S-10: Aufwand der Suche

In diesem Fragekomplex werden die Antworten ebenfalls zusammengeführt und verknüpft, da alle Fragen das gleiche Ziel haben: herauszufinden, wie zufrieden die Nutzer mit dem Aufwand-Nutzenverhältnis bei der Suche sind. Zu diesem Zweck wurden drei unterschiedliche Szenarien konzipiert, die jeweils mit der Aufforderung nach einer Information begonnen haben (Neugierde wecken und Inhaltpalette des Intranets präsentieren) und mit der Frage nach dem Aufwand beendet wurden.

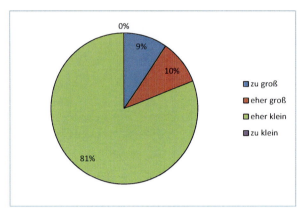

Abb. 23   Kombinierte Ergebnisse aus S-3, S-6 und S-10: Aufwand der Suche

Erfreulich ist zu sehen, dass über 75 % der Befragten den Aufwand als eher klein einstufen und entsprechend damit zufrieden sind. Die knapp 20 %, die den Aufwand als eher bzw. zu groß eingeschätzt haben, sollten jedoch nicht vergessen werden. Ggf. sollte nach der ersten Evaluation eine weitere Evaluation durchgeführt werden, um dann dessen Ergebnisse mit diesen zu vergleichen. Zusätzlich wird zwischen Verwaltung und Fertigung unterschieden, um auch diese Ausprägung und Einstellung darzustellen.

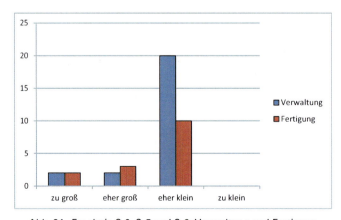

Abb. 24   Ergebnis S-2, S-5 und S-9: Verwaltung und Fertigung

Wie aus dem Diagramm ersichtlich, sind die Antworten von Fertigung und Verwaltung fast ähnlich und weichen nur marginal ab. Hinsichtlich dem Aufwand der Suche ist die Umsetzung des Intranets, irrelevant ob aus Sicht der Fertigung oder der Verwaltung, als geglückt zu betrachten. Hier genügt der Intranetauftritt auch wieder dem ersten Trend des Global Intranet Report, nämlich eine flache und übersichtliche Darstellung umzusetzen.

Zusätzlich spiegeln sich auch Züge des Interfacedesign wieder (flache Hierarchie der Menüpunkte, schnelles Finden von Content).

4.6.4 Ergebnisse aus S-13 und S-14

Die Fragen S-13 und S-14 haben die übergeordnete Aufgabe, Interesse und Neugierde zu generieren. Trotzdem werden die Ergebnisse kurz dargestellt und erläutert.

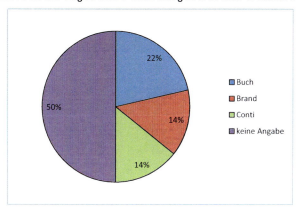

Abb. 25 Ergebnis S-13: Welcher Treffer überrascht am meisten?

Genau 50 % haben keine Aussage darüber getroffen, welcher Treffer aus S-11 und S-12 am meisten überrascht. Die Schwierigkeit besteht hier darin, zu erkennen, bzw. zu klären, ob die Befragten aus Zeitmangel diese Frage weiter geklickt (quasi übersprungen) haben oder durch keinen Treffer überrascht wurden. Wie eingangs erwähnt, liegt aber die Hauptaufgabe dieser Frage nicht in der Antwort, sondern darin, Aufmerksamkeit auf die angebotenen Inhalte zu lenken und deutlich zu machen, dass auch scheinbar artfremde Begriffe (Kleid, Bekleidung) gesucht und gefunden werden können.

Ähnlich verhält es sich mit der S-14. Diese Frage ist der eigenen Neugier geschuldet, soll aber auch kurz dargestellt und erläutert werden.

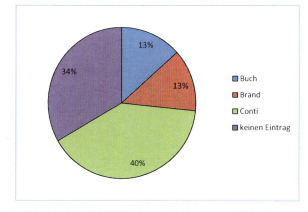

Abb. 26 Ergebnis S-14: Welcher Artikel regt zum Weiterlesen an?

Die Ergebnisse *Conti* und gar *keinen Eintrag* sind quantitativ fast ähnlich (Conti: sechs Personen, keinen Eintrag: 5 Personen), die Inhalte zu Brand und dem hinterlegten Buch sind gleich hoch (jeweils zwei Personen). Eine Person schrieb „Da ich die Conti Spec schon überflogen hab, den Schrieb vom Herrn Preussners." **[Fragebogen]**. Aufgrund dieser Aussage ist erstens eine Doppelnennung entstanden und zweitens hatte zumindest eine Person so viel Interesse, sich sofort zu informieren und hat weitergelesen.

4.6.5   Zusammenfassung der Ergebnisse – Struktur

Auch dieser Themenbereich ist als positiv umgesetzt und angenommen zu bewerten. Wie erwartet, wurden hier die Großteile der Usabilityziele umgesetzt und bestätigt. Die Selbstbeschreibungsfähigkeit spiegelt sich in der unterschiedlichen Nutzung der Such-Arten wieder, da die Nutzer zwischen den unterschiedlichen S-Blöcken ihre Art und Weise, die Suchfunktion zu nutzen, verändert haben. Die Selbstbeschreibungsfähigkeit scheint also umgesetzt zu sein. Die Erwartungskonformität wird als positiv gewertet, da einige Nutzer bei S-13 positiv überrascht waren, welche Treffer eine scheinbar banale Eingabe liefert. M. E. wird auch die Lernförderlichkeit befriedigt ("Kombinierte Ergebnisse aus S-2, S-5 und S-9: Art und Weise zu suchen" auf Seite 52), da deutlich wird, dass die Nutzer die verschiedenen Arten der Suche ausprobieren. Der Global Intranet Report wird als vernachlässigbar betrachtet, da die Trends eins, drei und fünf in diesem Themenbereich kaum Anwendung finden. Die Ausnahme bildet das Ergebnis von S-2, S-5 und S-9, die nämlich belegen, dass eine flache und übersichtliche Struktur gegeben ist. Bei dem Nutzen- und Belohnungsansatz wurden die Aktivität der Nutzer und die Neugierde, besonders auch durch S-13, gefördert. Zusätzlich hat sich zumindest ein Mitarbeiter im Sinne seiner Motivation entschieden, das Intranet gleich vor Ort zu nutzen (vgl. fünfte Grundannahme Nutzen und Belohnungsansatz auf Seite 29).

4.7   Allgemeines zur Nutzung

(vgl. "Fragenblock Allgemeines zur Nutzung" auf Seite 88)
Dieser dritte Themenblock birgt den höchsten Informationswert, ebenso werden die meisten Anregungen erwartet. Weiterhin sind hier einige heikle Fragen eingebaut. Abgebrochene Fragebögen sind nicht festzustellen, da das gewählte Programm (Google Docs) nur vollständige Fragebögen versendet. Allerdings gab es auch keine Aussagen von den Mitarbeitern bzgl. eines Abbruchs. In diesem Themenbereich werden zu Beginn generell alle Antworten in einem Gesamtbild dargestellt und im zweiten Schritt wird [bei Bedarf] nach Fertigung und Verwaltung unterschieden.

In diesem Frageblock wird sehr viel Wert auf die Grundannahmen des Nutzen- und Belohnungsansatzes gelegt, der emotionalen Heimat (vgl. "Nutzen für die Seichter GmbH aus dem Global Intranet Trend Report" auf Seite 22) sowie auf den Großteil der Usabilityziele (vgl. "Ziele von Usability nach DIN EN ISO 9241-110" auf Seite 25). Zusammenfassend kann also festgestellt werden, dass dieser Themen- und Frageblock den größten Teil, der in Kapitel zwei vorgestellten und erläuterten Theorien anwendet, bzw. umsetzt.

4.7.1 Ergebnisse zu A-1 bis A-4: Sinn und Nutzbarkeit des Intranets

Verknüpft sind hier A-1 und A-2. Hinter A-1 befindet sich eine der direktesten Fragen zum Thema Intranetnutzung. Diese Frage erörtert, ob der Befragte ein Intranet generell als sinnvoll für die Seichter GmbH erachtet. A-2 hinterfragt, ob der Befragte das Intranet nutzen würde. Aus diesen Gründen sind beide Ergebnisse nebeneinander dargestellt.

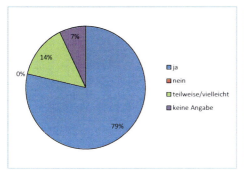

Abb. 27   Ergebnis A-1: Ist ein Intranet für Seichter sinnvoll? -Gesamt-

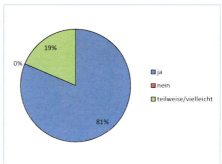

Abb. 28   Ergebnis A-2: Würdest du
das Intranet nutzen? -Gesamt-

Aufgeteilt nach Verwaltung und Fertigung:

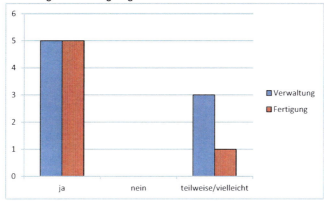

Abb. 29   Ergebnis A-1: Ist das Intranet sinnvoll? -Verwaltung und Fertigung-

Diese Übersicht zeigt, dass kein Mitarbeiter das Intranet als sinnlos oder überflüssig erachtet. Die Befragten aus der Verwaltung, die das Intranet *teilweise/vielleicht* als sinnvoll bezeichnen, haben die Antwort teilweise eingeschränkt („kann ich noch nicht beantworten" und „ok, wenn es sinnvoll und vollständig genutzt wird" **[Fragebogen]**).

Ähnlich fällt auch das Ergebnis zu A-2 aus.

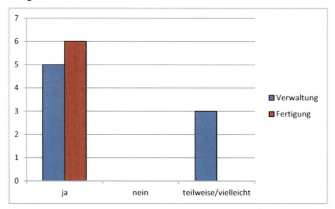

Abb. 30   Ergebnis A-2: Würdest du das Intranet nutzen? -Verwaltung und Fertigung-

Hier geben 100 % der Befragten aus der Fertigung an, dass sie das Intranet nutzen würden. Die Gruppe der Verwaltung hat, wie bei A-1 auch, ihre Antworten eingeschränkt („wenn es insgesamt angenommen wird" und „wenn's hilft"). M. E. sind die Antworten sehr zufriedenstellend, da auch hier wieder die Befragten aktiv sind und Erwartungen an das Intranet stellen (vgl. "Vorstellung Nutzen- und Belohnungsansatz" auf Seite 29) und ihre Ziele und Bedürfnisse formuliert haben.

Die Frage A-3 ist eine gedankliche Fortsetzung von A-1 und A-2. Die Nutzer werden gefragt, was eine Motivation wäre, das Intranet zu nutzen. 14,3 % haben diese Frage nicht beantwortet und eine weitere Antwort lautet, dass es zu früh sei, diese Frage zu beantworten. Aus den restlichen, relevanten Antworten (knapp 79 %) ergibt sich als Hauptmotivator der Intranetnutzung „Schnelles Finden relevanter Informationen, die alltäglich gebraucht werden zur Erledigung der Arbeit". Diese Antwort wird insgesamt sechs Mal in unterschiedlichen Ausprägungen gegeben, spiegelt also im Gesamten mit gut 43 % die Meinung von fast der Hälfte der Befragten wieder. Eine weitere Anregung lautet „Wenn alle es verwenden würden als - Sammelstelle z.B. für Problemlösungen an Maschinen (Problembeschreibung und Problembehebung) - Sammelstelle für Dokumentationen zum Einrichten bestimmter Features am PC (Spracheinstellungen, TireChecker, ...)". Die Ergebnisse von A-3 werden als sehr gut bewertet und zeugen von der Bereitschaft, sich mit dem Thema Intranet auseinanderzusetzen und sich einzubringen.

Unter A-4 wurde abgefragt, welche Bereiche der Befragte zukünftig nutzen würde (Mehrfach-nennungen waren möglich).

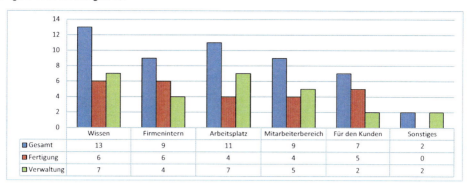

Abb. 31   Ergebnis A-4: zukünftig genutzte Bereiche

Wie aus dem Diagramm ersichtlich, würde der Großteil der Befragten den Bereich *Wissen* nutzen, gefolgt von dem Bereich *Arbeitsplatz*. *Firmenintern* und der *Mitarbeiterbereich* halten sich die Waage. Für den Themenbereich *Für den Kunden* interessieren sich nur noch 50 % der Befragten. Dabei ist explizit darauf hinzuweisen, dass die Mitarbeiter der Fertigung keine Kundenanfragen bearbeiten, sondern Kundenfragen oder Wünsche an die Mitarbeiter aus der Verwaltung gesendet werden. Es stellt sich also die Frage, welches Thema aus dem Kundenbereich für die Fertigung relevant und interessant ist. Weiterhin ist noch festzustellen, dass die Befragten aus der Gruppe Fertigung in jedem Bereich mindestens 66 % Interesse bekunden. Die Befragten der Gruppe Verwaltung legen ihren Fokus auf *Wissen* und *Arbeitsplatz*. Interessant ist hier auch definitiv die Ausprägung *Für den Kunden*.

4.7.2   Ergebnisse zu A-5 bis A-8: Themenbereiche und aktive Mitarbeit

Die Frage A-5 hinterfragt die fehlenden Themen und Bereiche. Interessant ist auch hier die Verteilung der Beteiligung auf Verwaltung und Fertigung. In jedem Bereich haben genau 50 % der Befragten geantwortet. Daraus lässt sich schließen, dass sich zumindest die Hälfte der Befragten relativ ernsthaft mit dem Thema und dessen Inhalten beschäftigt hat (die Antworten „noch nicht festgestellt was fehlen könnte" und „kommt später" wurden nicht gewertet). Die relevanten Antworten sind nachfolgend zitiert **[Fragebogen]** und ausgewertet:

1. Antwort (Fertigung)
   - „Historische, aktuelle sowie geplante Geschäftszahlen, Geschäftsentwicklung, Pläne der Geschäftsleitung
   - Übersicht über aktuelle Entwicklungsprojekte, Neukonstruktionen mit Aussagen über den Status, geplante Fertigstellung bzw. Markteinführung
   - Übersicht über interessante Anfragen/Anregungen von Kunden"

Die Aussage der ersten Antwort birgt viele interessante und sinnvolle Aspekte. Es gäbe mit Sicherheit die Möglichkeit, Betriebskennzahlen und/oder Bilanzen zu hinterlegen, sowie einen kurzen historischen Abriss des Werdegangs der Seichter GmbH. Stati der derzeitigen Entwicklungen und Neuerungen sind mit Sicherheit interessant und nützlich, aber derzeit schwer zu realisieren wegen des Arbeitsaufwandes. Kundenanregungen, bzw. Kundenfeedback im Allgemeinen, sind wiederum sehr interessant und mitunter nützlich.

2. Antwort (Fertigung)
   - „interessante/empfohlene externe Links ins Internet (z.B. Übersetzung -> Leo)"

Diese Variante der Informationsdarstellung wurde noch nicht bedacht, könnte aber durchaus sinnvoll sein. Allerdings müsste dann evaluiert werden, welche Themen interessant und nützlich sind. Denkbar wäre bis auf Weiteres, die Variante E-Mails mit gewünschten und empfohlenen Links zu empfangen und dann einzupflegen.

3. Antwort (Fertigung)
   - „zurück zur Startseite
   - Suchfeld wird nicht zurückgesetzt
   - Struktur von links nach rechts"

Der erste Punkt kann umgesetzt werden, indem man den Button „Startseite" hervorhebt. Das Suche-Feld wird zurückgesetzt, scheinbar hat sich der Befragte geirrt. Die Struktur ist bewusst untereinander angelegt und nicht von links nach rechts. M.E. genügt eine Struktur von links nach rechts dem normalen Leseverhalten, eine Struktur, in der sich die Punkte untereinander befinden genügt wiederum dem Gestaltgesetz der Erfahrung (Wikipedia, Seichter Homepage).

4. Antwort (Verwaltung)

  - „Fertigungsanweisung von Kabeln,

  - Kummerkasten,

  - Eine art Schichtbuch, um Erkenntnisse oder Fortschritte niederschreiben zu können.

  - Eine Erklärung des Begruffes "Intranet" in diesem Sinne (s. wiki)"

Fertigungsanweisungen werden mit übernommen. In erster Instanz (in der Projektphase) wurde gegen einen Kummerkasten entschieden, allerdings sollte man den Mitarbeiterwunsch im Auge behalten. Ebenso verhält es sich mit dem Schichtbuch (vgl. Antwort 1). Der Wunsch der Begriffserklärung „Intranet" wird sich m. E. selbst auflösen, wenn das Intranet einen neuen, von den Mitarbeitern gewählten Namen bekommt (A-9).

5. Antwort (Verwaltung)

  - „Die wichtigen Themen sind meiner Meinung nach schon da nur sind sie noch recht dürf- tig mit Infos bestückt aber das wird schon noch.

  - Der Reisebereich dürfte ruhig einen eigenen Menüpunkt haben, ihn zu füllen ist ein leich- tes da stehen die alle Monteure zur Verfügung! Mit Montageerfahrung können wir Bücher füllen!"

Diese Antwort beeinhaltet ein Kompliment, bzw. eine positive Aussage. Der Reisebereich wird unterteilt werden nach Zielort und Zielfirma. Denkbar ist auch, den Leiter der Fertigung damit zu betrauen, diesen Bereich zu betreuen. Dieser ist in dem Reisebereich sehr involviert und weiß, welche Themen für die Mitarbeiter wichtig und nützlich sind.

6. Antwort (Verwaltung)

  - „die Aufteilung bzw. Struktur und Zuordnung der Bereiche finde ich unübersichtlich und nicht geordnet"

Wie sich schon aus diesen Antworten und den Antworten auf die Fragen S-2, S-5 und S-9 ableiten lässt, scheinen die Struktur und die Übersichtlichkeit nicht den Erwartungen der Nutzer zu genügen, da sonst m.E. nach mehr Nutzer die Menünavigation nutzen würden.

7. Antwort (Verwaltung)

  - „Unsere Produkte"

Der Mitarbeiter hat leider nicht genauer definiert, was er sich unter den Produkten vorstellt. Einen Menüpunkt, der sich mit den Bauteilen und den ausgelieferten Maschinen beschäftigt, ist vorhanden. Ggf. meint der Befragte eine Übersicht, über welche Funktionen und Optionen welcher Maschinentyp verfügt. Diesen Wissenswunsch könnte man kurzfristig mit dem Einbinden/Verweisen von Produktflyern befriedigen.

In der Frage A-6 wurde dann analog zu A-5 abgefragt, welche Themenbereiche als überflüssig angesehen werden. Erfreulicherweise sind hier über 70 % der Befragten der Meinung, dass kein Bereich überflüssig ist („Kein Themenbereich ist überflüssig in Informationsdingen darf man ruhig Messie sein!" **[Fragebogen]**). Die restlichen knapp 30 % sehen die Struktur der fremdsprachigen Ausdrücke und den Mitarbeiterbereich bzw. private Themen (knapp 15 % der Befragten sind dieser Meinung) als problematisch an. Der dritte Punkt, der angesprochen wurde, bezieht sich auf die Struktur und nicht auf den Inhalt. Der Befragte kritisiert, dass der Menüpunkt „Themenübersicht" zu groß dargestellt ist. Aufgrund der bisherigen Erkenntnisse ist generell fraglich, ob der Menüpunkt „Themenübersicht" bestehen bleiben wird ("Kombinierte Ergebnisse aus S-2, S-5 und S-9: Art und Weise zu suchen" auf Seite 52).

Unter A-7 wurde die generelle Bereitschaft der aktiven Mitarbeit abgefragt. Erfreulich ist, dass 60 % der Befragten aktiv mitarbeiten wollen würden und 13 % unter Einschränkungen („wenn ich annehmen kann, dass es genutzt wird, ja" **[Fragebogenauswertung]**).

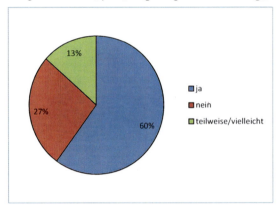

Abb. 32 Ergebnis A-7: Bereitschaft der aktiven Mitarbeit

Die Bereitschaft, aktiv mitzuarbeiten, wäre bspw. sehr interessant für die Fertigung, um den Reisebereich eigenständig zu füllen und auszuweiten. Dementsprechend ist die Antwort noch unterteilt nach Verwaltung und Fertigung.

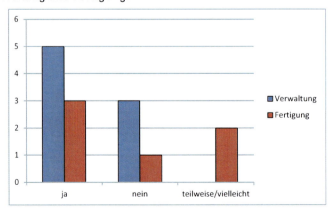

Abb. 33 Ergebnis A-7: Bereitschaft der aktiven Mitarbeit -Fertigung und Verwaltung-

Von der Verwaltung sind 62,5 % der Befragten bereit, aktiv mitzuarbeiten. In der Fertigung würden 50 % aktiv mitarbeiten. Positiv ist, dass nur 12,5 % der Befragten aus der Fertigung nicht mitarbeiten würden. Auffällig ist, dass die Fertigung ein hohes Interesse an Informationen hat, jedoch nur 62,5 % der Befragten bereit sind, sich diesbezüglich einzubringen. Trotzdem, bzw. wahrscheinlich gerade aus diesem Grund, wäre es m.E. nach sinnvoll, einen Reisebereich-Beauftragten einzuführen.

Den Abschluss in diesem Themenbereich bildet die Frage nach den Namensvorschlägen des Intranets. Insgesamt wurden zehn qualitative Antworten abgegeben. Zu bedenken ist jedoch, dass diese Frage zum Großteil den Zweck erfüllt, die Mitarbeiter mit einzubeziehen, der Wissens-Mehrwert also gering ist. Nachfolgend sind deshalb unkommentiert die Vorschläge aufgeführt:

- "TIM" (Tire Inspection Memory)
- Infothek
- WikiSeicht
- Seichter-Pool
- Siggi
- TirePedia
- whiteboard

- "WiM" (Wissen ist Macht)
- Sikki (Seichter Wikki)
- T(h)or
- Kompjutär
- Infobox
- TireTestingWiki
- blackboard

- Sinet (Seichter Intra Net)
- Infomania
- Turbozon
- iwork@seichter
- Seichter-Netz
- newsboard

4.7.3 Ergebnisse zu A-9: All das, was nicht abgefragt wurde

M.E. sind diese Antworten am interessantesten. Auch hier werden die Antworten zitiert wiedergegeben, um dann anschließend erläutert zu werden.

1. (Fertigung): „Das Intranet lebt von Aktualität, Richtigkeit und Verständlichkeit der hinterlegten Dokumente, einfacher Verfügbarkeit für alle Nutzer, leichter Auffindbarkeit relevanter Informationen etc. Schön wäre es, wenn es zu mehr Kommunikation und besserer Information führen würde. Aber was sich genau verbessert weiß man erst, wenn man es aktiv nutzen kann. Schlecht wäre es, wenn die Pflege und Nutzung des Intranets als Mehraufwand empfunden würde."

Diese Aussage bezieht sich nicht nur auf das Intranet, sondern auch auf die Firmenkultur und -philosophie. Trotz alledem wird darauf hingewiesen, dass einfache Verfügbarkeit, leichtes Finden, Verständlichkeit und Aktualität wichtige und sinnstiftende Elemente sind.

2. (Fertigung):
   - „Die optische Gestaltung sollte ansprechender sein:
   - Die einzelnen Bereiche sind optisch nicht getrennt.
   - Das Firmenlogo mit dem überdimensionalen Text ist so nicht üblich und unförmig (stammt nicht von unserem Designer)
   - Der Anmeldebereich rechts nimmt viel Platz weg. Dies wäre links sinnvoller angeordnet
   - Die Fußzeile ist nicht sichtbar (erst runterscrollen) und passt nicht zum Design
   - generell fehlt das einheitliche Design im Intranet wie auch auf der Webseite.
   - Firmenfarben (siehe Imagebroschüren) sind nicht vertreten"

Diese Aussage beschäftigt sich allgemein mit der Corporate Identity der Seichter GmbH und speziell mit der Übersichtlichkeit des Intranet-Auftritts. Der Befragte hat sich eindringlich mit der Optik des Intranets auseinander gesetzt und hat gute Anhaltspunkte geliefert, die diskutiert werden sollten.

3. (Fertigung):
   - „s. Nutzung (3/2)
   - Möglichkeiten um Bilder nach Schlagworten zu speichern"

Diese Passage bewegt sich in dem Bereich des semantischen Webs (Metadaten von Bildern, Audio- oder Videofiles). Dieser Wunsch kann mithilfe der Metadatenbeschreibung in Joomla! erfüllt werden.

4. (Verwaltung)

- „Einzelne Bereiche für die Gruppen schaffen, (Elektro, Mechanik,...) um so an richtigen Stellen, das Wissen zu bündeln. Als Informationen über Urlaubsplan, Jahresplanung der Firma, Produktionsmengen einzelner Teile für Statistiken.
- Eine Art Austauschbörse, um Untereinander abklären zu können, ob und wann Etwas termingerecht fertig werden kann, bzw. ob es Gründe für Verzögerungen gibt.
- Telefonliste"

Der Vorschlag, das Intranet umzustrukturieren und Bereiche für die unterscheidlichen Gruppen zu schaffen um dort das Wissen zu bündeln, ist sehr gut. Der Wunsch nach einem Schichtbuch (wie die zweite Aussage weiter oben schon einmal definiert war), ist derzeit zurückzustellen. Die Gründe dafür liegen in dem lokalen Zugriff und der nicht genau einschätzbaren Akzeptanz.

5. (Verwaltung)

„Hmm ich glaube ich hab meine Meinung ganz gut in den Spalten untergebracht, es wär ultraschade wenn das Projekt nicht weiterverfolgt werden würde. Selbst wenn einige diesen Fragebogen nicht ausfüllen, werden sie doch früher oder später von diesem Intranet profitieren!" [ohne Worte]

6. (Verwaltung)

- „bin nicht ganz sicher ob es nicht mit Outlook "kollidiert". die Termine sind dort schon schwierig auf aktuellem Stand zu halten - wenn jetzt 2 Plätze zu "füllen" sind......."

Der Befragte scheint sich im Sinn des Kalenders geirrt zu haben. Dieser dient lediglich Zwecken der Übersichtlichkeit und Orientierung und wird nur zu Testzwecken mit den Schulferien gefüllt.

7. (Verwaltung)

- „Die Struktur könnte verbessert werden, so dass man intuitiv die Bereiche findet, die zusammengehören.
- QM würden wir gerne integrieren, da gibt es bereits gute Beispiele (Software), die man als Vorbild für eine Struktur nehmen könnte."

Bei dieser Äußerung wird die Struktur kritisiert. Da diese Kritik nicht zum ersten Mal in Erscheinung tritt, wird die Struktur genauer analysiert werden müssen. Weiterhin bietet der Nutzer aktiv seine Mithilfe an und möchte sehr aktiv am Intranet mitarbeiten.

8.	(Verwaltung)
	- „Grundsätzlich finde ich die Aufteilung etwas unübersichtlich. Die Bereiche Firmenintern und Arbeitsplatz sind sehr gemischt. Sollte man irgendwie anders strukturieren.
	- Städteatlas unter Mitarbeiter finde ich auch unpassend, gehört doch zu den Maschinen."

Auch hier wieder der Hinweis auf die Struktur. Zusätzlich wird explizit ein Menüpunkt angesprochen, dessen Zuordnung unpassend erscheint. Da dieser Menüpunkt allerdings von den Mitarbeitern für die Mitarbeiter ausgefüllt wird und größtenteils mit Angaben der Freizeit gefüllt ist (Restaurant-Tipps, mögliche Hotels, Maut, etc.), verbleibt dieser Menüpunkt erst einmal an dieser Stelle.

9.	(Verwaltung)
	- „Also ich vermisse hier in der Firma vor allem einfaches Finden von detaillierten techni-schen Informationen...z.B. PIN-Belegung vom Drehgeberkabel für den Tirecheker vom MI-Rack zur Sorcus. Man findet sie nur wenn man von Dirk die Nummer der Fertigungs-anweisung weiss...
	- Toll wäre also ein richtiges "Wiki" über unsere Produkte wo auch die Baugruppen detail-liert beschrieben sind."

Dieser Befragte spricht etwas an, was sich bei der Seichter GmbH über die Jahre des historischen Wachstums gebildet hat und bringt so die Anforderung auf einen Punkt: „Toll wäre also ein richtiges "Wiki" über unsere Produkte wo auch die Baugruppen detailliert beschrieben sind."

### 4.7.4	Zusammenfassung der Ergebnisse – Allgemeines zur Nutzung

Wie schon eingangs beschrieben, finden im Themenblock A fast alle Aspekte der diversen Theorien Beachtung. A-1 und A-2 erfüllen bspw. den Nutzen und Belohnungsansatz und im Bereich Usability die Erwartungskonformität und Selbstbeschreibungsfähigkeit. Generell sind die Befragten in diesem Abschnitt sehr aktiv gewesen und haben durchgehend ihre Ziele und Bedürfnisse formuliert und sich aktiv entschieden, zu kommunizieren. Die Beteiligung lag durchschnittlich bei über 50 %.

Auch wird, wie im Global Intranet Trend Report, von der Idee der Zusammenarbeit der Teams gesprochen, bzw. von der Bildung von virtuellen Gruppen und Bereichen, die z. B. ein Abbild von Fertigung oder Verwaltung zeigen würden. Weiterhin scheint den Mitarbeitern bewusst geworden zu sein, dass ein Intranet durchaus eine Alternative zu anderen Medien (z. B. persönliches Gespräch) sein kann und auch durchaus nützlich ist. Einschränkungen sind vorhanden, aber generell scheint das Intranet bei dem Großteil der Befragten akzeptiert zu sein und teilweise sogar das Bedürfnis geweckt zu haben, selbst aktiv mitzuarbeiten.

4.8   Zusammenfassung der Ergebnisse und Vorschläge, die umgesetzt werden

Nachdem der Fragebogen ausgewertet wurde, werden nachfolgend die Ergebnisse und Vorschläge der Befragten vorgestellt, die umgesetzt werden. Die Ergebnisse sind sortiert nach **Darstellung und Umsetzung, Inhalt** und **Sonstiges.**

Darstellung und Umsetzung

Ein wesentlicher Punkt ist die Übersichtlichkeit und Darstellung. Mehrfach haben die Befragten darauf hingewiesen, dass die Menüstruktur zu unübersichtlich und die Struktur nicht nachvollziehbar ist. Zusätzlich wird, wie gewünscht, der Button *„Startseite"* hervorgehoben und die einzelnen Bereiche optisch getrennt. Die Struktur muss also merklich nachgebessert werden, damit der Punkt der Aufgabenangemessenheit erfüllt ist und bleibt. Die Fußzeile ist, wie richtig anbemerkt, nicht zu sehen und passt nicht in das Design. Diese ist in der Anlehnung der Firmenhomepage übernommen worden und wird entsprechend gelöscht. Zusätzlich wird die Startseite ausgedünnt, es werden nicht mehr jedem Bereich *News* zugesprochen. Die wichtigsten drei Neuerungen werden zusammengefasst unter News präsentiert, inkl. des Verweises, in welcher Kategorie die Beiträge eingeordnet sind. Ggf. kann den Mitarbeitern dadurch die Übersichtlichkeit und Struktur näher gebracht werden. Durch diese Maßnahmen soll der Mitarbeiter in seinem Wunsch, aktiv zu kommunizieren, unterstützt, sowie die intrinsische Motivation erhöht werden (vgl. "Motivation der Intranetnutzung" auf Seite 24).

Die Navigationsmöglichkeit der Themenübersicht wird gelöscht. Die Befragten haben diese Art der Navigation nicht genutzt, sondern ziehen das Suche-Feld vor. Vermutlich hängt die Nicht-Nutzung der Themenübersicht auch mit der unübersichtlichen Menüstruktur zusammen, allerdings wurde aufgrund des favorisierten Suche-Feldes erst einmal auf die Themenübersicht verzichtet. Dank der relativ simplen Umsetzung durch Joomla! kann eine Themenübersicht jederzeit wieder eingefügt werden, derzeit wird diese aber aus der Struktur entfernt.

Zudem sollte das Intranet optisch etwas anregender gestaltet werden. M. E. wird sich die Optik zwar durch die Neuerungen und Ergebnisse der Befragung verändern, allerdings besteht zusätzlich die Möglichkeit, Fotos neuer Mitarbeiter oder ein Gruppenfoto der Mitarbeiter auf der Startseite zu platzieren. Diese Möglichkeit könnte auch einen motivationalen Aspekt beinhalten, wenn bspw. der Gewinner der Bundesliga-Tipprunde nach dem Wochenende montags veröffentlicht werden würde (vgl. "Motivation der Intranetnutzung" auf Seite 24). Ebenso wäre vorstellbar, dass die Mitarbeiter, die von einer Montage kommen, ihr schönstes Bild der Montage, des Zielortes oder von sich selbst auf die Startseite stellen.

Inhalt

Um die Struktur an die Bedürfnisse und klar formulierten Ziele der Mitarbeiter anzupassen, wird ein zusätzlicher Hauptmenüpunkt *Fertigung* eingefügt. In diesem wird es zwar keine Art Schichtbuch geben, aber es werden diverse Fertigungsanweisungen, technische Informationen und Neuerungen aufgeführt sein. Der Menüpunkt *Unsere Produkte/Maschinen - Bauteile* wird entsprechend in den Hauptmenüpunkt Fertigung einsortiert.

Ein kurzer Abriss der Firmengeschichte und -entstehung wird ebenfalls abgebildet. Fraglich ist, ob aktuelle Geschäftszahlen ebenfalls veröffentlicht werden sollen, übergangsweise wird jedoch die aktuelle Auftragslage eingestellt. Relevante und interessante Anfragen von Kunden, sowie generelles Kundenfeedback werden ebenfalls veröffentlicht. Diese Inhalte spiegeln das Auftreten und die Wahrnehmung der Seichter GmbH von außen wieder und sollten nicht vorenthalten werden, da Kundenmeinungen mitunter auch nützlich sein können und in jedem Fall interessant sind.

Um die Mitarbeit im Bereich „*Fertigung*" zu unterstützen und der Forderung nach einem erweiterten Reisebereich nachzukommen, wird aus der Fertigung ein Reisebereich-Beauftragter berufen. Dieser übernimmt die Aufgabe freiwillig und zeichnet sich verantwortlich für diesen Bereich. Diese Reaktion auf den Wunsch der Befragten soll die Mitarbeiter in das Projekt Intranet mit einbeziehen und motivationstechnisch (vgl. "Motivation der Intranetnutzung" auf Seite 24) und in der aktiven Mitarbeit und Kommunikation unterstützen. Die Mitarbeiter haben ihre Ziele und Bedürfnisse klar und deutlich formuliert, entsprechend werden diese Ziele und Bedürfnisse bestmöglich umgesetzt.

Sonstiges
Abschließend wird die Hilfe und Unterstützung einer Mitarbeiterin aus der Verwaltung angenommen und mit ihrem Engagement werden einige Änderungen umgesetzt. Dieses Angebot zeigt das Interesse und definiert wiederholt das klare Bedürfnis, zu kommunizieren und mitzuwirken.

4.9   Zusammenfassung der Ergebnisse und Vorschläge, die zurückgestellt werden
Um die Vergleichbarkeit zu gewährleisten, werden nachfolgend die Ergebnisse und Vorschläge der Befragten vorgestellt, die nicht umgesetzt werden. Die Ergebnisse sind sortiert nach **Darstellung und Umsetzung** und **Inhalt**.

Darstellung und Umsetzung
Der Wunsch, die Menüpunkte nebeneinader anzuordnen, wird zurückgestellt. Die Leserichtung von links nach rechts unterstützt die westliche Leserichtung, jedoch wird dem Gestaltgesetz der Erfahrung (vgl. Wikipedia, Seichter Homepage, etc.) eine größere Bedeutung und ein höherer Stellenwert eingeräumt. Auch der Anmeldebereich verbleibt bis auf Weiteres, da eine Verschiebung der Position derzeit zu viele zeitintensive Änderungen nach sich ziehen würde.

Die Aussage eines Befragten, dass die Firmenfarben nicht vertreten sind, ist nicht nachvollziehbar. Auch nach intensiver Nachfrage gab es keine Antwort, welches die Firmenfarben sind.

Inhalt
Die Stati der derzeitigen Entwicklungen und Neuerungen sind mit Sicherheit interessant und nützlich, aber derzeit schwer zu realisieren wg. des Arbeitsaufwandes und der Umsetzung. Dieser Punkt bleibt aber weiterhin präsent, da diese Art und Weise der Nutzung mehr als sinnvoll ist und einen hohen Mehrwert schafft. Weiterhin entspräche diese Nutzung dem ersten

und zweiten Trend des Global Intranet Trend Reports (vgl. "Global Intranet Trend Report" auf Seite 20) und würde vielleicht auch noch in dem dritten Trend Anklang finden. Die Grundannahmen des Nutzen- und Belohnungsansatzes sind ebenfalls völlig abgedeckt und beachtet. Schlussendlich wurde zum gegenwärtigen Zeitpunkt gegen einen Kummerkasten entschieden, da die Rechteverwaltung inklusive der dazugehörigen Schreibrechte noch nicht endgültig beschlossen wurde. Ein anonymer Kummerkasten spricht gegen die Firmenphilosophie und bietet den Mitarbeitern nur die Möglichkeit, ihren Kummer abzuladen. Den Verantwortlichen wird dadurch die Möglichkeit genommen, den Kummerauslöser zu beheben oder zu reduzieren. Eine zufriedenstellende Lösung ist noch nicht gefunden, der Wunsch nach einem Kummerkasten ist aber verständlich und sollte auch nicht aus den Augen verloren werden.

5 Zusammenfassung, Fazit und persönliche Einschätzung

5.1 Wie geht es weiter?

Zuerst werden alle Ergebnisse, die als umsetzbar definiert wurden, realisiert (vgl. "Zusammenfassung der Ergebnisse und Vorschläge, die umgesetzt werden" auf Seite 67). Dann wird nach und nach das Intranet weiter mit Wissen angereichert und die Haltung der Mitarbeiter zum Intranet im Auge behalten. Wie schon unter "Zusammenfassung und Fazit" auf Seite 73 angemerkt, ist das Projekt Intranet als Kreislauf zu sehen und niemals als abgeschlossen. Entsprechend muss man immer aufmerksam sein, welche Bedürfnisse der Mitarbeiter sich verändern oder neu bilden. Eine periodische Evaluation einmal im Jahr erscheint sinnvoll und umsetzbar, um eben diese Bedürfnisse auf dem aktuellen Stand zu halten.

M. E. sollte das Intranet schnellstmöglich mit Inhalt gefüllt werden, um operativ genutzt werden zu können. Sobald es nutzbar ist, steigt die Chance und Wahrscheinlichkeit, dass die Mitarbeiter den Nutzen des Intranets für sich entdecken. Zusätzlich werden Mitarbeiter aus verschiedenen Bereichen hinzu- und mit einbezogen, um auch hier die Reichweite zu vergrößern (Reisenbereichbeauftragter sowie Mitarbeiter aus der Verwaltung, welcher bei der Strukturierung und Anreicherung unterstützen möchte) und den Bekanntheitsgrad zu förden.

Weiterhin sind einige Neuerungen denkbar und ggf. auch umsetzbar:

Für die Zukunft ist eine Art Intranet-to-go denkbar, damit die Mitarbeiter der Seichter GmbH auch unterwegs, auf ihren Service- und Montageeinsätzen, Zugriff auf das gesammelte Wissen haben. Hier stellt sich auch wieder die Frage der Umsetzung, da ein öffentliches Intranet aufgrund der Firmeninterna nicht möglich ist. Realisierbar wäre hingegen ein Abbild des Intranets auf das Firmensmartphone mithilfe einer geeigneten Software oder quasi eine schlanke Variante, die online steht, die nur bedingt sensible Inhalte enthält.

Eine weitere Variante wäre eine Webseitenspiegelung, die offline verfügbar ist. Diese ist allerdings nicht auf Smartphones, sondern nur auf Notebooks einsetzbar. Die Mitarbeiter könnten vor Reisebeginn die aktuelle gespiegelte Version auf ihrem Notebook speichern (die Spiegelung ist voll funktionsfähig inkl. aller verlinkten Dokumente). Möglich wäre also, wöchentlich eine aktualisierte Version im Intranet zu hinterlegen, um den Mitarbeitern die Möglichkeit zu bieten, das Intranet mitnehmen zu können.

Wünschenswert ist auch die Ausweitung der kommunikativen Möglichkeiten, die ein Intranet bietet. Vorteilhaft wäre m. E. ein erhöhter Anteil an kollaborativen Modulen und weitere Chancen für direkte Eingriffe in die Wissensplattform, nicht nur das Erstellen von Beiträgen.

Beispielhaft wäre eine Kundenspezifikation für einen Zulieferer. Diese könnte vom Intranet aus angesteuert werden und auf eine kollaborative Schreib-Software verweisen (Google Docs, Zoho writer o.ä.). An dieser Spezifikation könnten alle Mitarbeiter, denen vorher separate Schreibrechte (auf ein Dokument beschränkte Schreibrechte) zugesprochen wurden, mitarbeiten. Viele dieser Programme bieten zusätzlich zu dem Editor noch ein Instant-Messaging-System an; die derzeitigen Autoren können sich also auch direkt über das Dokument austauschen.

Wie auch der Global Intranet Trend Report aussagt, geht der Trend zu mehr Social Media und direkter Kommunikation, bspw. über Instant-Messaging-Systeme. Auch die Variante eigene Bereiche für Fertigung und Verwaltung einzuführen erscheint sehr sinnvoll, da zwar die Idee des Schichtbuches zunächst verworfen wurde, aber durch die räumliche Trennung der Fertigungsbereiche Informationen weiter getragen werden sollten (Global Intranet Trend Report). Es müsste geklärt werden, ob bspw. ein Chatprogramm sinnvoll oder doch eher überflüssig ist. M.E. ist dieses derzeitig überflüssig, da die Mitarbeiter immer noch schnell zum Telefon greifen. Bei einem im Intranet implementierten Chatdienst wäre die Historie sinnvoll, gerade wenn über Problemlösungen oder Lösungsansätze diskutiert wird.

Außerdem werden Schulungseinheiten erstellt, die den erarbeiteten Grundsätzen des Nutzen- und Belohnungsansatzes sowie den Grundsätzen der Usability genügen. Diese Links auf die lokalen Ordnerwerden dann im Intranet zur Verfügung gestellt. Auch diese Treffer werden verschlagwortet und werden allen Mitarbeitern zur Verfügung gestellt. Des Weiteren werden zu den Schulungseinheiten auch vermehrt Instandhaltungs- und Reparaturvideos erstellt. Diese Art der Wissensvermittlung ist mehr als sinnvoll, da die Utility-Filme immer ohne Sprache auskommen. Die Texte müssen nicht übersetzt werden und sind sofort für alle Kunden, egal welche Sprache gesprochen wird, verfügbar. Viele der Mitarbeiter wissen jedoch nicht, dass solche Videos firmenintern existieren. Durch sinnvolle Verschlagwortung werden die Nutzer drauf aufmerksam gemacht, dass dem Kunden auch eine multimediale Hilfestellung angeboten werden kann.

5.2 Zusammenfassung und Fazit

In der Einführung wurde die Metapher einer Kaffee-Ecke zugrunde gelegt, um anzuzeigen, was ein Intranetauftritt m. E. darstellen und umsetzen sollte: Informationen in angenehmer und unbürokratischer Umgebung zu erhalten und zu teilen. Es war auch die Rede von Kaffee, Keksen und Tee, um zu verdeutlichen, dass eine Motivation für die Mitarbeiter geschaffen werden muss, die zur Mitarbeit. Wie die Befragung gezeigt hat, ist das generelle Interesse der Mitarbeiter am Wissensmanagement vorhanden (Fragebogenbeteiligung von insgesamt 53,85 %, vgl. "Allgemeines, Aussagekraft und Beteiligung" auf Seite 45).

Durch das verschlagwortete Ablegen von Fertigungsanweisungen, digitalen Schulungseinheiten, Besuchsberichten usw. lässt sich ein Qualitätsstandard festlegen und auch halten. Weiterhin geraten durch das leichte und komfortable Finden von Content in unterschiedlichsten Ausgabemedien Lösungsvorschläge nicht mehr in Vergessenheit; das daraus resultierende Wissen wird standardisiert und ist für jeden Mitarbeiter, gleich welchem Bereich er angehört, abrufbar. Gerade die Utility-Filme sind für die fremdsprachigen Kunden sehr sinnvoll, da durch eine Bewegtbildanleitung z. B. ein Zahnriemenwechsel leichter nachvollziehbar ist als mit einer gedruckten oder digitalen Bedienungsanleitung. Auch Formulare (Urlaub/Elternzeit) und Kurzeinweisungen für die diversen firmenspezifischen Programme sind nun ortsunabhängig zu finden und nutzbar.

Jetzt müssen noch die Anreize geschaffen werden, damit die Mitarbeiter das Intranet als Wissensquelle ansehen und akzeptieren. Der Mitarbeiterbereich mit der Kollegen Vorstellung und dem Städteatlas ist der erste Schritt in Richtung Kaffee, Keksen und Tee. Zwar generiert dieser Bereich keinen direkten monetären Mehrwert, stärkt aber durchaus das soziale Gefüge und die Kollegialität. Des Weiteren besteht die berechtigte Annahme, dass sich durch das anfänglich generierte Interesse für den Mitarbeiterbereich ein Interesse für die anderen Bereiche entwickelt. Das wird aber m. E. erst dann passieren, wenn genug Inhalte verfügbar und eingestellt und entsprechend erste Erfolge in Form von Content-Finden sichtbar sind.

Bleibt noch die Frage, wie eine Wissensplattform aufgebaut, strukturiert und umgesetzt sein muss, um zum Mitarbeiten anzuregen. Der künftige Aufbau und die Struktur des Intranets ist in den Kapiteln "Oberflächenbeschaffung und Übersichtlichkeit" auf Seite 48 und "Struktur" auf Seite 51 zusammengefasst. Zusätzlich wurde in persönlichen Gesprächen deutlich, dass manche Mitarbeiter das Intranet gerne zur Verfügung hätten, allerdings ungern mitarbeiten würden (im Folgenden als passive Nutzer bezeichnet). Andere Mitarbeiter sind begeistert von der Idee und dem Umfang der Inhalte des Intranetauftritts (im Folgenden als aktive Nutzer bezeichnet).

M. E. sollte man sich auf diese aktiven Nutzer stützen. Um passive Nutzer anzuregen, das Intranet zu besuchen, wären Anreize wie der am häufigsten besuchte Beitrag oder der aktivste Schreiber des Monats denkbar. Auch wäre ein „Foto der Montage des Monats" auf der Startseite realisierbar, um dem Wunsch der Befragten nach etwas mehr Farbe nachzukommen und ggf. die passiveren Mitarbeiter dazu anzuregen, sich die weiteren Seiten anzuschauen und die Verweildauer zu verlängern (vgl. "Die Aufmerksamkeit der Nutzer oder die Verweildauer auf Webseiten" auf Seite 26).

Auch könnte man die Tipprunde, die Regeln oder wie angeregt den Gewinner der jeweiligen Tipprunde im Mitarbeiterbereich abbilden. M. E. muss zuerst Neugierde und Interesse der Mitarbeiter geweckt werden, um diese dann in intrinsische Motivation zu verwandeln (vgl. "Motivation der Intranetnutzung" auf Seite 24). Sobald die Befragten den Mehrwert des Intranets erkennen und zu schätzen wissen, ist die erste Hürde der Akzeptanz genommen.

Zusammenfassend ist der gesamte Fragebogen und dessen Auswertung als positiv zu bewerten. Ganz allgemein (wie auch die Ergebnisauswertung des Fragebogens gezeigt hat) hängt viel von der Übersichtlichkeit und Struktur des Intranetauftritts ab. Sind die Seiten des Intranets übersichtlich und ordentlich angeordnet, steigt die Wahrscheinlichkeit, dass die Mitarbeiter die Plattform nutzen, akzeptieren und annehmen. Der Intranetauftritt wird also bestehen bleiben und weiter angereichert werden mit Wissen, Struktur und Neuerungen. Letztlich wird man sich immer wieder in der fünften Phase (Stabilisierung und Nutzung) der Evaluation wiederfinden: Korrekturen werden vorgenommen (vgl. "Phasen der Evaluation" auf Seite 36).

M. E. ist es erst nach einer Zeitspanne von drei bis fünf Jahren möglich, eine konkrete Aussage über die Beteiligung, Akzeptanz und reale Nutzung des Intranet-Auftritts zu treffen. Darüber hinaus sind die gesamten Phasen nach Pilorget mehr als Kreislauf anzusehen, da das Intranet und dessen Ansprüche und Bedürfnisse dynamisch und flexibel sind. Weder die Pflege noch die Evaluation oder die Verbesserungsmöglichkeiten sind jemals abgeschlossen. Letztlich ist die Pflege und Instandhaltung des Intranetauftritts mit der Golden Gate Bridge zu vergleichen: Wenn man meint, dass man fertig ist, fängt man wieder von vorne an [Mühlacker].

5.3 Persönliche Einschätzung und Reflexion

Generell habe ich für mich wieder einmal festgestellt, wie wichtig Wissensmanagement ist, aber wie wenig letztlich dafür getan wird. Alle wollen viel wissen und möglichst korrekt informiert sein, aber bitte ohne viel Aufwand. Alle bis auf die Seichter GmbH. Ich war positiv überrascht, wie viele Mitarbeiter und Kollegen den Fragebogen ausgefüllt haben, wie viele meiner Kollegen mich immer wieder zwischendurch ansprachen, was ihnen noch aufgefallen war; welche Inhalte sinnvoll wären, Vorschläge für die Beitragsgestaltung und für die Struktur allgemein. Trotz dieser Euphorie bleibt abzuwarten, wie die Kollegen das Intranet annehmen und ob es bestehen bleibt.

Letztlich ist es auch bei der Seichter GmbH so, dass immer mehr Aufträge und Neuentwicklungen angestoßen und umgesetzt werden und eigentlich keine Zeit für die Intranet-pflege vorhanden ist. Eigentlich. Denn genau dieses wachsende Auftragsvolumen und die Neuentwicklungen zeigen mehr als deutlich, dass ein Sammelplatz für Wissen sinnvoll und auch notwendig ist. Positiv für mich zu deuten ist der Wunsch des Produktionsleiters, die Produkte der Seichter GmbH inkl. Fertigungsanweisungen und Verlinkungen zu hinterlegen, um dann bei den Kollegen drauf zu verweisen, dass die Lösung doch im Intranet vorhanden ist. Die klassisch gehörte Ausrede „Ich hab es nicht gefunden" zählt also nicht mehr.

Problematisch war die Umsetzung durch den externen Dienstleister. Da ich selbst zu Beginn keinerlei Ahnung von Joomla! hatte, musste ich mich komplett auf die korrekte Umsetzung verlassen. Ohne Hintergrund- oder Fachwissen konnte ich mich logischerweise auch nicht so ausdrücken oder strukturieren, dass der externe Dienstleister immer verstanden hat, wie ich mir gewisse Bereiche der Umsetzung vorgestellt habe. Der Kontakt bestand nur aus E-Mails und ggf. Telefongesprächen. Ich denke, vieles hätte einfacher geklärt werden können, wenn man sich persönlich getroffen hätte. Aus diesem Grund musste ich mir in einer knappen Woche die Grundlagen von Joomla! neben meiner täglichen Arbeit aneignen und war begeistert über die logische Strukturierung und Darstellung des Backends.

Nachdem ich zweimal bei der Rechtevergabe das Backend so umprogrammiert hatte, dass sich keiner (also weder Admin noch Superuser) anmelden konnten, halfen mir zwei Kollegen. Der Fehler ließ sich über den PHP-Bereich beheben. Daraufhin beschlossen meine Kollegen und ich, einen unsichtbaren Joomla!-Bereich mit in das Intranet aufzunehmen, auf den nur die Superuser nach Anmeldung Zugriff haben. In diesem sind grundsätzliche Anwendungen und bekannte Fehler dokumentiert. Da das Frontend auch trotz inaktiven Backends erreichbar ist, kann man so aus dem Frontend die Lösung beziehen, wie das Backend wieder erreichbar ist. Als ungünstig habe ich auch empfunden, dass die Suchergebnisse der Suchmaschinen durch meine Programm-Unkenntnis von Joomla! mehr als dürftig waren. Wenn man nicht weiß, was man sucht, bekommt man entsprechend auch keine Ergebnisse angezeigt. Dieser Umstand hat mir gezeigt, dass ich mich künftig mit solchen Situationen besser und im Vorfeld auseinandersetzen muss, da ich sonst mehr damit beschäftigt bin, Schadensbegrenzung zu betreiben, als Content zu schaffen.

Technisch noch umzusetzen ist die Verlinkung aus dem Intranet auf lokal abgelegte Dokumente. Ursprünglich war das Intranet lediglich als benutzerfreundliche Oberfläche für die Serverstruktur gedacht, da so die Gefahr von mehreren gleichen Dokumenten entfällt. Derzeit werden jedoch Datenblätter und andere Dokumente in das Backend geladen, da die reine Pfadangabe als ineffektiv angesehen wird. Zur Zeit sehe ich das genau so, da die Serverstruktur auch noch komplett umgestellt werden muss und wird. Aktuell sind Links also noch nicht so hilfreich, wie gedacht. Außerdem würden Links nicht mehr funktionieren, wenn man wie angedacht, das Intranet-to-go anbieten würde.

Die Fragebogenerstellung hatte ich mir ebenfalls einfacher vorgestellt. Fragen, die für mich vollkommen logisch waren, stießen auf Fragen und führten zu Frust (wie bspw. die Frage, ob jeder Buchstabe als Klick zählt oder jedes Wort). Zudem stellt sich mir die Frage, ob es sinnvoll gewesen wäre, erst das Intranet einzuführen und dann drei oder vier Wochen später den Fragebogen auszugeben (Vorschlag des Sekretariats).

Der Zeitpunkt für den Fragebogen war ungünstig gewählt, allerdings wäre ein späterer Zeitpunkt in den Sommerferien gewesen. So war in der Woche des Fragebogens fast die ganze Firma, vor allem ich, mit der Besuchsbetreuung ausländischer Kunden beschäftigt. Diese wurden geschult und ihnen wurden die Neuentwicklungen präsentiert. Fakt ist jedoch, dass in dieser Woche „raus-aus-dem-Projekt" gedanklich viel liegen geblieben ist. Letztlich glaube ich aber, dass es keinen passenden Zeitpunkt gegeben hätte, da wir seit diesem Jahr immer viel zu tun und wenig Zeit haben für Aufgaben, die außerhalb unseres Aufgabengebietes liegen.

Der prozentuale Anteil, derjenigen die den Fragebogen nicht ausgefüllt haben, lässt sich auch leicht erklären. Zum Teil sind dies Kollegen gewesen, die in der Woche zu viel zu tun und danach Urlaub hatten. Dazu kamen einige Personen, die generell kein Interesse an dem Wohl und der Wissenssicherung der Firma haben und eher eine „war schon immer so, bleibt auch so"-Einstellung vertreten. Ich denke aber, beides kommt in jeder Firma vor und ist nicht besonders hervorzuheben.

Zusammenfassend bin ich begeistert von der positiven Resonanz meiner Kollegen. Es war nicht immer einfach, dem Projekt die nötige Aufmerksamkeit zu schenken, aber letztendlich bin ich zufrieden mit dem, was daraus geworden ist. Ich habe einiges gelernt und hoffe natürlich, dass ich das Intranet so weit anpassen kann, dass meine Kollegen es als Hilfe und Unterstützung ansehen. Wenn das Intranet akzeptiert ist, kann ich auch weiter ausprobieren, welche Optionen und Funktionalitäten im Bereich Wissensmanagement und Intranet noch möglich und sinnvoll sind.

Schlußendlich bleibt zu hoffen, dass die virtuelle Kaffee-Ecke sich ähnlicher Beliebtheit erfreut wie ihr reales Pendant. Für virtuelle Kekse ist gesorgt und es bleibt abzuwarten, ob die virtuellen Kekse (Kollegenvorstellung, Städteatlas, Foto vom Sieger der Tipprunde) genau so einen Anklang finden wie das Original.

6 Literatur

6.1 Print

[Bortz; Döring]
Jürgen Bortz, Nicola Döring: Forschungsmethoden und Evaluation für Human- und Sozialwissenschaftler, 4. Auflage 2006, ISBN 978-3-540-33305-0, Springer

[Busemann; Gscheidle]
Katrin Busemann; Christoph Gscheidle: Web 2.0: Aktive Mitwirkung verbleibt auf niedrigem Niveau-Ergebnisse der ARD/ZDF-Onlinestudie 2011, S. 360-369

[Fischer; Hofer]
Peter Fischer; Peter Hofer: Lexikon der Informatik, 14. Auflage 2008, ISBN 978-3-540-72549-7, Springer

[DIN EN ISO 9241-11]
DIN EN ISO 9241-11 Anforderungen an die Gebrauchstauglichkeit

[Mickeleit]
Thomas Mickeleit: Das Intranet der dritten Generation, aus „Handbuch Unternehmenskommunikation" Hrsg. Ansgar Zerfaß, 1. Auflage März 2007, ISBN 978-3-409-14344-8, Betriebswirtschaftlicher Verlag Dr. Th. Gabler

[Niermeyer; Postall]
Rainer Niermeyer; Nadia Postall: Effektive Mitarbeiterführung-Praxiserprobte Tipps für Führungskräfte, 1. Auflage 2010, ISBN 978-3-8349-2112-3, Gabler Verlag

[Pilorget]
Lionel Pilorget: Testen von Informationssystemen-Integriertes und prozessorientiertes Testen, 1. Auflage 2012, ISBN 978-3-8348-1866-9, Vieweg+Teubner Verlag

[Porst]
Rolf Porst: Fragebogen-Ein Arbeitsbuch, 3. Auflage 2011, ISBN 978-3-531-17902-5, VS Verlag für Sozialwissenschaften

[Schürmann]
Schürmann, Tim: O'Reillys basics: Praxiswissen Joomla! 2.5, 2. Auflage April 2012, ISBN: 978-3868991079, O'Reilly Verlag

[Schweiger]
Wolfgang Schweiger: Theorien der Mediennutzung-Eine Einführung, 1. Auflage April 2007, ISBN 978-3531148274, VS Verlag für Sozialwissenschaften

[Viedebantt]
Klaus Viedebantt: Die Mitarbeiter-Zeitschrift als Führungsinstrument, aus „Handbuch Unternehmenskommunikation" Hrsg. Ansgar Zerfaß, 1. Auflage März 2007, ISBN 978-3-409-14344-8, Betriebswirtschaftlicher Verlag Dr. Th. Gabler

6.2 Online

[Fragebogen]
https://docs.google.com/spreadsheet/
viewform?formkey=dHI4UXV3VkIzdlk2aDl1UGRpQ1IwU1E6MQ, Abrufdatum 02.04.2012

[Fraunhofer]
http://www.wissensmanagement-community.de/, „Studie: Wissen und Information 2005" von der Fraunhofer Gesellschaft Wissensmanagement Community, Abrufdatum 26.03.2012

[Global Intranet Trend Report]
http://www.cloudave.com/13888/global-intranet-trends-for-2011-part-1/
http://www.cloudave.com/13888/global-intranet-trends-for-2011-part-2/
http://www.cloudave.com/13888/global-intranet-trends-for-2011-part-3/
Abrufdatum 07.06.2012

[Hofmann: 2005]
http://www.fit-fuer-usability.de/archiv/einfuehrung/, „Usability: Eine erste Einführung" von Britta Hofmann 18.03.2005, Abrufdatum 27.03.2012

[Hofmann: 2008]
http://www.fit-fuer-usability.de/archiv/einfuehrung-in-die-iso-9241-110/, „Vom Umgang mit Menschen - Benimmregeln für interaktive Systeme nach ISO 9241-110" von Britta Hofmann 13.02.2008, Abrufdatum 27.03.2012

[Jane McConnell]
http://www.digital-workplace-trends.com/, Abrufdatum 07.06.2012

[Joomla!portal]
http://www.Joomla!portal.de/forum.php, Abrufdatum seit Mai 2012

[Mühlacker]
http://www.medienwerkstatt-online.de/lws_wissen/vorlagen/showcard.php?id=523, Abrufdatum 02.07.2012

[Nielsen: 2011]
http://www.useit.com/alertbox/page-abandonment-time.html, „How Long Do Users Stay on Web Pages?" von Jakob Nielsen 12.09.2011, Abrufdatum 27.03.2012

6.3 Sonstige Quellen

[Egenolf]
Egenolf, Johannes: Wikis ersetzen Word im Mittelstand. tekom Frühjahrstagung 2012, basierend auf einem Vortrag

[Fragebogen] Ergebnisse der Befragung in Tabellenform (MS Excel Format)

[Stockmann]
Stockmann, Reinhard: Was ist eine gute Evaluation? Einführung zu Funktionen und Methoden von Evaluationsverfahren, Saarbrücken: Centrum für Evaluation, 2002. basierend auf einem Vortrag

6.4 Anmerkung zu Zitaten

Alle Zitate (gekennzeichnet durch „") sind wortwörtlich, also inkl. Rechtschreib-, Ausdruck- und Grammatikfehler übernommen.

7 Anhang

7.1 Erklärung der Klammersetzung

Klammer	Bedeutung
[Autor/Quelle]	Indirektes Zitat des Autors/der Quelle (bei einer Quelle)
[Autor/Quelle: Zahl]	Direktes Zitat des Autors/der Quelle mit Seitenzahlangabe (bei einer Quelle)
[Autor Jahreszahl]	Indirektes Zitat des Autors/der Quelle (bei zwei Quellen)
[Autor Jahreszahl: Zahl]	Direktes Zitat des Autors/der Quelle mit Seitenzahlangabe (bei zwei Quellen)
[Wort/Wörter]	Eingefügte Füllwörter, um den Sinn des Satzes/Zitates beizubehalten
[...]	Teile des Zitates wurden weggelassen, um das Zitat übersichtlicher zu gestalten

7.2 Glossar

Nr.	Begriff	Bedeutung
[1]	Eye Tracking	Als Eye Tracking oder Blickbewegungsmessung bezeichnet man eine Methode, mit welcher der Blickverlauf einer Person beim Betrachten eines Gegenstandes oder einer interaktiven Anwendung gemessen wird. Quelle: http://www.usability.de/services/eye-tracking.html, Abrufdatum 29.03.2012
[2]	Backend	Das Backend ist ein System, welches das Netzwerk im Hintergrund mit einer Dienstleistung versorgt, also meist ein Server im weiteren Sinn des Begriffs [*hier: Administratorbereich*] Quelle: [**Fischer; Hofer: 83**]
[3]	Frontend	Das Frontend ist die kommunizierende Kopfstation bzw. dort laufendes Anwendungsprogramm in einem Netzwerk und in diesem Fall synonym für Client [*hier: sichtbarer Nutzerbereich*] Quelle: [**Fischer; Hofer: 324**]

7.3 Abkürzungen

Abkürzung	Bedeutung
bspw.	beispielsweise
bzgl.	bezüglich
bzw.	beziehungsweise
evtl.	eventuell
ggf.	gegebenenfalls
inkl.	inklusive
lt.	laut
m.E.	meines Erachtens
u.a.	unter anderem
usw.	und so weiter
vgl.	vergleiche
wg.	wegen
z.B.	zum Beispiel

7.4 Fragebogen

7.4.1 Fragenblock Zu Beginn

B-1 Ich arbeite im folgenden Bereich
- Montage (inkl. Elektrofertigung, mechanische Montage, Fräserei, ...)
- Verwaltung

B-2 Ich bin ... Jahre alt.

7.4.2 Fragenblock Oberflächenbeschaffung und Übersichtlichkeit

O-1 Schau dir die Oberfläche der Startseite an und notiere fünf Begriffe, die dir im ersten Moment zu der Oberfläche einfallen.

O-2 Erinnert dich die Startseite unseres Intranets an andere, dir bekannte Seiten?
- nein
- ja
- Sonstiges:

O-3 Ist die Schriftgröße für dich lesbar?
- nein
- ja

O-4 Wie übersichtlich findest du die Startseite?
- sehr übersichtlich
- eher übersichtlich
- eher unübersichtlich
- sehr unübersichtlich

7.4.3 Fragenblock Struktur

S-1 Finde das Dokument "EARS". Zähle die Klicks, die du benötigt hast, bis das Dokument in Englisch als PDF angezeigt wurde (als "Klick" zählt die Eingabe von Buchstaben inkl. Bestätigung durch Enter oder der direkte Klick auf einen Menüpunkt).

S-2 Welche Navigationshilfe hast du genutzt, um zu dem gewünschten Ergebnis zu kommen?
- Themenübersicht
- Suche-Feld
- Menüpunkte (Wissen, Firmenintern, Arbeitsplatz, Mitarbeiterbereich, Für den Kunden)

S-3   Findest du den Aufwand, zu der Information zu gelangen,
  -     zu groß
  -     eher groß
  -     eher klein
  -     zu klein

S-4   Finde Informationen über Philipp Henkenjohann. Zähle die Klicks, die du benötigt hast,
        um zu den Informationen zu gelangen.

S-5   Welche Navigationshilfe hast du genutzt, um zu dem gewünschten Ergebnis zu
        kommen?
  -     Themenübersicht
  -     Suche-Feld
  -     Menüpunkte (Wissen, Firmenintern, Arbeitsplatz, Mitarbeiterbereich, Für den Kunden)

S-6   Findest du den Aufwand, zu der Information zu gelangen,
  -     zu groß
  -     eher groß
  -     eher klein
  -     zu klein

S-7   Wie viele Übersetzungen findest du im Wörterbuch für das Wort "Druckminderer"?

S-8   Wie viele Klicks hast du benötigt, um zu der Information zu gelangen?

S-9   Welche Navigationshilfe hast du genutzt, um zu dem gewünschten Ergebnis zu
        kommen?
  -     Themenübersicht
  -     Suche-Feld
  -     Menüpunkte (Wissen, Firmenintern, Arbeitsplatz, Mitarbeiterbereich, Für den Kunden)

S-10   Findest du den Aufwand, zu der Information zu gelangen
  -     zu groß
  -     eher groß
  -     eher klein
  -     zu klein

S-11   Gebe das Wort "Kleidung" oder "Bekleidung" in das Suche-Feld ein. Wie heißt der erste
        Treffer?

S-12   Wieviele Treffer werden dir insgesamt angezeigt?

S-13   Welcher Treffer überrascht dich am meisten im positiven Sinne?

S-14   Welchen Artikel würdest du am ehesten weiterlesen wollen?

7.4.4 Fragenblock Allgemeines zur Nutzung

A-1 Findest du ein Intranet für unsere Firma sinnvoll?
- ja
- nein
- Sonstiges:

A-2 Würdest du das Intranet nutzen?
- ja
- nein
- Sonstiges:

A-3 Was wäre für dich eine Motivation, das Intranet zu nutzen?

A-4 Welche Bereiche würdest du nutzen (Stand heute)?
- Wissen
- Firmenintern
- Arbeitsplatz
- Mitarbeiterbereich
- Für den Kunden
- Sonstiges:

A-5 Welche Themen/Bereiche fehlen deiner Meinung nach?

A-6 Welche Themen/Bereiche sind deiner Meinung nach überflüssig?

A-7 Würdest du aktiv mitarbeiten wollen (z. B.über eine Kommentarfunktion oder durch Erstellen eigener, neuer Artikel)?
- ja
- nein
- Sonstiges:

A-8 Unser Intranet benötigt noch einen Namen. Bitte mache drei Vorschläge!

A-9 Bitte schreibe hier das auf, was nicht abgefragt wurde, du aber gerne zum Thema Intranet sagen möchtest.

8 Abbildungsverzeichnis

9   Tabellenverzeichnis

Die Autorin

Carina Krone-Book, Jahrgang 1982, machte nach einer kaufmännischen Ausbildung ihr Abitur, bevor sie an der Fachhochschule Hannover Technische Redaktion studierte. Während ihres Studiums arbeitete sie durchgehend in verschiedenen Bereichen, um ihr theoretisches Wissen anzuwenden und Erfahrungen zu sammeln. Nach dem erfolgreichen Abschluss ihres Studiums arbeitete sie als stellvertretende Projektleiterin bei einem Ingenieur Dienstleister und nahm ein berufsbegleitendes Studium im Bereich Crossmedia auf. Derzeit arbeitet Frau Krone-Book als Technische Redakteurin eigenverantwortlich in einem mittelständischen Familienunternehmen im Bereich Sondermaschinenbau. Bereits ihre Bachelorarbeit beschäftigte sich mit dem Thema Wissensvermittlung. Seitdem interessiert sie sich besonders für die Bereiche Wissensmanagement und Wissensvermittlung. Ihren Master of Science (Crossmedia Publishing) erlangte sie im September 2012.